행복을 배달해 주세요.

_____ 님께

행복의 기술

행복의 기술

2024년 5월 10일 초판 1쇄 인쇄
2024년 5월 17일 초판 1쇄 발행

지은이   정재영
펴낸이   조시현
기 획   정희용
편 집   김지숙
디자인   최재현
펴낸곳   도서출판 바틀비
주 소   서울시 마포구 동교로8안길 14, 미도맨션 4동 301호
전 화   02-335-5306
팩시밀리   02-3142-2559
출판등록   제2021-000312호

홈페이지   www.bartleby.kr
인스타   @withbartleby
페이스북   www.facebook.com/withbartleby
블로그   blog.naver.com/bartleby_book
이메일   bartleby_book@naver.com

행복의 기술

70인의 세계 지성이 들려주는 빠르고 간편한 행복 습관

정재영 지음

바틀비

네가 만약 괴로울 때면
내가 위로해 줄게

열두 살 때쯤이다. 초저녁 길거리에 서서 홀로 울고 있었다. 누구에게 야단맞아서가 아니었다. 음반 가게 스피커에서 나오던 노래 때문이었다. "네가 만약 괴로울 때면 내가 위로해 줄게. 네가 만약 서러울 때면 내가 눈물이 되리."라던 가사가 귀로 들어왔다. 위로와 이해의 약속이었다. 벌건 대낮에도 매일 '외로운 밤 험한 길' 걷는 기분이었던 나는 눈물 나게 가슴이 벅찼다. 까닭도 모르고 길거리에서 울어버린 그날은 어린 시절 행복했던 몇 안 되는 순간 중 하나였다.

어릴 때부터 나는 행복을 꿈꿨다. 얼굴에는 밝게 웃는 가면을 쓰고 있었지만, 속에는 상처와 비관, 두려움으로 구멍 뻥 뚫린 가슴이 있었다. 초등학교부터 어른이 되어서까지 그랬다. 그래서인지 목마른 사슴이 물을 찾듯이, 행복 정보에 민감할 수밖에 없었다. 어떡하면 행복할 수 있을까. 어떻게 해야 저 친구처럼 나도 진심으로 기쁘게 웃을까. 아마도 이 책은 그런 뿌리 깊은 갈증에서 시작되었다.

이 책에는 국내외 70명이 넘는 행복 조언가들의 목소리가 들어 있다. 이들 몇몇은 세상 사람의 고통을 위로하면서 살아가고 있다. 또 몇몇은 행복이 전공은 아니지만 내가 해석하기에 불행에서 벗어나는 기술을 알려주는 고마운 사람들이다. 직업은 다양하다. 심리학자, 정신과 의사, 음악 프로듀서, 경제학자, 역사학자, 진화 인류학자, 생물학자, 신경과학자, 철학자, 문학가, 승려, 신부, 자기 계발서작가 등이다. 내가 도움받았던 지식과 지혜가 깊은 그들이 알려주는 행복의 길을 이 책에 소개했다.

그런데 먼저 정의해 두어야 할 게 있다. 행복의 정의다. 행복이란 무엇일까? 자기 존재의 열망에 충실한 상태를 말할 수도 있겠고, 우주의 진리를 깨닫고 체화하는 것도 숭고한 행복이라 할 수 있겠다. 그런데 내가 이 책에서 말하고자 하는 행복은 소박하고 명쾌하다. 희열, 기쁨, 만족, 평화 등 긍정적 감정을 느끼는 상태가 이 책의 행복이다. 반대로 말하면 슬픔, 불안, 두려움 같은 부정적 감정을 줄이면 그게 바로 행복이다.

이 책은 그런 행복을 이루기 위한 실용적 기술을 공유하고자 한다. 이 책을 쓰면서 다음과 같은 행복에 대한 여섯 가지를 배웠다. 물론 책의 목차에도 고스란히 드러난다.

✦ 행복은 인식의 문제이기도 하다. 따라서 유연하고 새로운 시각이 필요하다.

✦ 행복에 있어 무엇보다 가장 중요한 것은 자신에 대한 긍정적인 감각이다.

✦ 행복감을 억압하는 낡은 습관이나 사고에서 해방되어야 한다.

✦ 내 곁에 이미 있는 행복의 증거를 민감하게 포착하는 섬세함도 필요하다.

✦ 구급약 같은 행복의 작고 간편한 기술들은 생각보다 유용하다.

✦ 불행을 저 멀리로 밀어내는 유머 감각은 행복을 불러온다.

독자 여러분도 행복하길 빈다. '항상 영원히'는 아니더라도 이 책을 읽는 동안에는 행복하길 빈다. 더 욕심을 내자면 한 구절을 읽고 잠시라도 행복해졌으면 좋겠다. 나는 그랬다. 훨씬 나아졌다. 불행감이 많이 줄었다. 이 책을 쓰길 잘했다는 생각이 든다.

2024년 4월
정재영

2장 ## 눈부신 나를 깨닫는 행복

3장 나쁜 습관과 이별하는 행복

6장 유머 감각에 이끌리는 행복

1장

행복을 향한
첫걸음

하이 파이브 해빗

내가 가장 목마른 것은 나 자신의 인정이다

　미국의 라이프코칭 강사이자 작가인 멜 로빈스가 《굿모닝 해빗》에서 들려준 체험담이다. 로빈스는 어느 날 아침에 이를 닦으려고 화장실 거울 앞에 섰다. 세상에 어떻게 이런 흉한 몰골이 있나? 얼굴과 머리는 엉망이고, 피로가 쌓여 눈 밑에 다크서클이 드리웠다. 뱃살은 늘어졌고, 목에는 나이가 드러나는 주름이 자글자글하다. 자기 모습에 깜짝 놀라는 건 쓸쓸하고도 무서운 일이다. 이게 정말 내 모습인가. 부정하고 싶어진다. 그리고 빨리 눈을 돌리고 싶어진다. 서둘러 세수를 하고 거울 앞을 떠나버리고 싶다.

　그런데 화장실 거울 앞의 멜 로빈스는 최면에라도 걸린 듯이 이상한 행동을 하게 되었다. 거울 속의 낯설고 흉한 자기 얼굴을 바라보면서 손을 들어 손바닥을 보인 것이다. 그러니까 친구에게 하이 파이브라도 하는 듯한 자세를 취했다. 이 난데없는 행동으로 힘이 솟아났다. 마음의 위로를 느꼈다. 내가 나에게 응원과 격려를 주는 느낌이었다. 로빈스는 다음 날 아침에도 피로와 무기력에 찌든 거울 속 자신에게 하이 파이브를 했다. 역시 기분이 좋았고 힘이 났다. 이걸 몇 번 반복하니 자연스레 새벽 6시에 벌떡 일어나 기쁜 마음으로 화장실 거울 앞으로 달려가게 되었다고 한다. 로빈스를 움직인 것은 스스로의 마음이었다. 자신에게 행복을 주고 싶은, 자신에게서 응원을 받고 싶은 기대감이 거울을 향해 달리게 했다.

집이나 회사나 학교, 그 어디에서든 자신에게 하이 파이브를 해줄 수 있다. 손바닥을 보여 주는 것도 좋지만, 더 중요한 것은 따스한 마음으로 자신에게 말을 걸어 주는 것이다. 가령 나 자신을 향해서 '네가 힘들고 슬프다는 거 내가 알아, 나는 항상 네 편이야'라고 말해보자. 그러면 용기와 에너지, 희망을 되찾게 될 것이다. 그렇게 스스로에게 손을 흔들며 위로하는 습관이 로빈스가 말하는 '하이 파이브 해빗'이다.

따라해 보면 실감하게 된다. 빠르고 확실한 효과가 있다. 내일 아침부터 시작해 보자. 처음엔 겸연쩍더라도 거울 앞에 선 자신을 바라보면서 온화한 미소를 짓고 손을 흔들어 주자. 어색하고 부끄럽고 남이 볼까 봐 걱정될 수도 있다. 하지만 동시에 행복감이 밀려든다.

그런데 이유가 뭘까? 스스로에게 하이 파이브를 하는 일이 왜 힘과 위안, 행복을 가져다줄까? 여기에 인간 심리의 비밀이 있다. 사람은 자신의 인정을 가장 바란다. 부모님, 선생님, 사장님의 인정보다 나 자신이 나를 인정해 주기를 더 바란다. 사랑하는 연인이나 자녀가 나를 인정해 줘도, 내가 나의 존재 가치를 인정하지 않으면 나는 불행에서 빠져나올 수 없다. 나를 향한 나의 인정은 나의 폐를 이용한 호흡, 나를 위한 에너지를 주기 위한 숟가락질처럼 나의 생존에 필요한 절대적 요소다. 인간은 본능적으로 인정 투쟁을 벌인다고 하지만 사실 타인의 인정이란 자기 인정의 결핍을 메우는 대체제일 뿐이다.

하이 파이브를 하면서 웃는 나는 거울 속의 나를 인정한다. 그 흉한 몰골을 사랑의 존재로 소중히 받아들이는 게 하이 파이브의 메시지다. 아울러 과거에 대한 인정도 된다. 작고 깨끗했던 얼굴이 주름과 잡티가 가득한 달덩이가 되는 동안, 수고 무척 많이 했다고 진심으로 이해하고 칭찬하는 의식적 행동이 하이 파이브다. 그렇게 내가 가장 원하는 자기 인정을 받을 수 있기 때문에, 나에게 기쁨을 준다. 그 기쁨은 연인이나 친구의 진심 어린 위로보다 마음 깊은 곳에서 나온다. 나에게 가장 필요한 것은 나의 응원, 나의 인정, 나의 미소, 나의 인사다.

어떻게 하면 행복할까? 답은 아주 단순하다. 나를 인정하면 된다. 나의 겉과 속, 세월을 사랑해 주는 게 행복의 필수 조건이다.

그런데 어려운 마지막 질문이 남아 있다. 언제 자신을 인정해 줘야 할까? 아름답게 꾸미고 거울 앞에 섰을 때? 치장된 자기 이미지를 사랑하는 건 정신적으로 미숙한 아이도 할 수 있다. 내가 가장 초라하고 꼴 보기 싫을 때 나와 눈을 맞추고 웃어주는 것이 성숙하고 섬세한 사람만이 줄 수 있는 자기 선물이다. 어젯밤 라면이나 술 때문에 통통 부어 있는 얼굴일지라도 눈곱을 떼고 반기며 손을 흔들어주자. 행복하고 싶다면 흉한 자신도 보듬어 줄 수 있어야 한다. 아무에게도 보이고 싶지 않은 나를 사랑해 준다. 그때 느끼는 감정이 진정한 행복이다.

 행복러의 넛지

멜 로빈스 Mel Robbins 미국의 변호사 출신 동기 부여 강연자이자 팟캐스트 진행자. 《5초의 법칙》과 《굿모닝 해빗》 등을 저술.

★ ☀ ☆

멜 로빈스가 말하는 인정은 무엇일까? 그의 홈페이지 www.melrobbins.com에 다음과 같은 자기소개가 있다. "15년 전 나는 인생의 바닥에 떨어졌으며 내 삶에서 소중한 거의 모든 것을 잃었다. 불안이 너무 극심해서 침대 밖으로 나를 끌고 나오기도 힘들었다. 이제 나는 변화와 동기 부여의 세계 최고 전문가 중 하나이다. 수백만 명의 사람과 주요 기업들이 더욱 자신감 넘치고 효율적이고 충만해지는 과학적 툴과 조언을 얻고자 나를 찾아온다." 그의 책은 수백만 부 팔렸으며, 동영상은 수십억 회 조회되었다고도 한다.

멜 로빈스 덕분에 나를 인정하는 것에 대해 생각할 수 있어서 꽤 감동적이다. 언제 마지막으로 나의 눈을 사랑으로 바라보았던가. 거울 속을 1분 정도 바라보면 나의 눈이 나에게 어떤 말을 할까? 완벽하지 않아도 괜찮다. 완벽한 사람은 없으니까 괜찮다.

답은 결국 내 안에

진정한 행복의 삼원소는 용서 수용 존중이다

진정한 행복이 뭘까? 행복론의 단연 최고 베스트셀러《회복 탄력성》에서 김주환 교수는 이렇게 말한다.

> "진정한 행복은 외부적 조건에 의해서 결정되는 것이 아니라 나의 내면으로부터 우러나는 것이다. 진정한 행복은 어떤 조건을 필요로 하지 않는다. 그것은 내면적 결단에 의해서만 이루어진다⋯⋯ 진정한 행복감은 나 자신과 다른 사람에 대한 긍정적 태도에서 오는 것이지 외부적 조건에서 오는 것이 아니다."

김주환 교수는 돈, 지위, 성공 같은 외부적 조건 없이도 인간은 행복할 수 있다고 말한다. 그리고 진정한 행복의 원천은 바로 '나 자신과 타인에 대한 긍정적 태도'라고 주장한다. 그런데 그게 구체적으로 무엇을 의미할까?

김주환 교수가 제시하는 것 중 하나는 '용서 수용 존경'의 태도다. 진정한 행복의 길은 이렇게 정리할 수 있다. 자신을 용서하고 수용하고 존중하면, 타인까지 용서하고 수용하며 존중하게 되며, 그런 삶의 긍정적 태도에서 진정한 행복감이 생겨난다. 다시 말해 자기 용서, 자기 수용, 자기 존중이 진정한 행복의 삼원소이다.

자기 용서, 자신의 실수와 실패까지 너그럽게 포용한다는 의미다. 자기 용서를 하고 나면 죄의식과 수치심에 벗어날 수 있다. 과거에 집착하는 습관이 극복되는 것은 물론이다.

자기 수용, 장점은 말할 것도 없고 단점까지 받아들이는 태도다. 설사 능력이 부족하더라도 흔쾌히 인정한다. 자신의 발전과 개선 가능성을 믿으면 자기 수용이 쉽다. 자기 수용을 하면 원망이나 미움 없이 자신을 있는 그대로 끌어안고 평화롭게 지낼 수 있다.

자기 존중, 자기 모습을 높이 평가해 주는 태도다. 나의 개성이나 성향은 물론이고 심지어는 나쁜 습관까지 존중해야 한다. 습관을 고치지 말자는 이야기가 아니다. 습관을 교정하되 자신을 비하하거나 비난하지 말고 왕을 보필하듯이 나를 존중하면서 서서히 고치면 된다.

많은 심리학자들은 자기 용서, 자기 수용, 자기 존중이 행복을 찾기 위한 필수 요소라고 외친다. 그렇게 소리쳐도 많은 사람이 정반대의 길을 간다. 자기 증오, 자기 배척, 자기 무시의 경향에 사로잡혀 있는 것이다.

왜 그럴까. 자신을 용서하지 말고 가혹하게 야단을 쳐야 도덕적이라고 배워서 그렇다. 또 자신을 받아들이지 않고 거절하고 배척해야 더 강해진다고 믿어서 그렇다. 끝으로 자기 존중 대신 자신을 무시해야 더 높이 성장할 수 있다는 믿음이 만연해서 그렇다. 행복한 사람이 되려면 자기 증오, 자기 배척, 자기 무시의 오래된 관례를 거슬러야 한다. 자신을 용서하고 수용하고 존중할 수 있으면 그다음 타인을 용서하고 수용하고 존중하게 되고 결국 진정한 행복의 정신적 환경을 스스로 조성할 수 있다.

좋은 출발점은 불완전성의 인정이다. 자기 용서, 자기 수용, 자기 존중은 말처럼 쉽지 않다. 그걸 완벽히 해낼 수 있는 사람은 세상에 없거나 극소수다. 베스트셀러 작가도 히말라야 수행자도 때로는 자기가 밉고 싫어서 견딜 수 없는 마음의 지옥을 겪는다. 그것은 인간의 숙명이다. 아마도 인간이 비판적 지성과 초자아와 무의식을 갖고 있기 때문일 것이다. 코알라나 토끼는 자신을 미워하지 않겠지만, 인간에게는 자기 미움, 자기 불신, 자기 배척이 운명이다. 그 사실을 인지하고 몇 발만이라도 나아가겠다는 다짐만 하는 거다. 그렇게 생각하고 나면 마음이 경쾌하고 밝아진다. 나의 불완전성을 매일 1센티미터씩만 개선해도 괜찮다고 여기는 여유가 행복의 가능성을 높인다.

김주환 연세대학교 언론홍보영상학부 교수. 회복 탄력성, 그릿, 소통 능력 등을 연구하고 《회복탄력성》《내면 소통》 등 저술.

★ ☀ ☆

내가 느끼기에 김주환 교수는 정적인 수행자 같은데 무시무시하게도 우슈 7단이란다. 김주환 교수는 2023년 《내면소통: 삶의 변화를 가져오는 마음근력 훈련》을 출간했는데, 제목 중에 '마음근력'에 눈길이 간다. 마음근력은 이미 클리셰가 되었을 정도로 대중적인 인기가 아주 높은 메타포다. 마음에 근력이 있다는 비유는 어디에서 나왔을까? 공지영 작가의 《아주 가벼운 깃털 하나》에서 다음과 같은 구절을 접했다.

"마음에도 근육이란 게 있어, 처음부터 잘하는 것은 어림도 없지……."

그의 다른 책 《그럼에도 불구하고》에서는 이때를 회고하며 "지금은 그 말을 누구나 쓰지만, 그때는 그 말 자체가 황당한 개념이었을 거니까."라고 말했다.

마음에도 근육이 있다. 마음공부와 마음 운동 하면서 마음을 튼튼하게 가꾸어보자.

'사이'에 있는 행복

오만, 무능, 무의미는 불행의 샘물이다

행복은 두 샘에서 솟는다. 바로 마음과 관계에서다. 먼저 마음이 평화롭고 안정적이고 기쁘고 설레면 행복이 온다. 동시에 행복은 관계에서도 온다. 내가 타인이나 사회와 어떤 관계를 맺는지에 따라 행복이 마르기도 넘쳐나기도 한다. 행복한 마음에 대해서는 이 책 여러 곳에서 이야기한다. 예를 들면 이런 것이다.

자신의 본질적 가치를 믿는다.

하루만 산다고 자기 최면을 건다.

행복은 목적지에 없다는 걸 기억한다.

나에게 유익한 서사를 만든다.

머릿속의 불결한 것들을 자주 쓸어낸다.

위와 같이 노력하면 내 마음은 행복해질 수 있다. 그렇다면 나는 어떤 관계를 맺고 있고, 관계를 어떻게 관리해야 할까? 조너선 하이트는 그 관계를 '사이'라고 부르면서 다음과 같이 말했다(2019년 4월 11일 미국 CNBC와의 인터뷰).

"행복은 '사이'에서 온다. 우리 자신과 타인의 사이, 우리 자신과 일의 사이, 우리 자신과 우리보다 더 큰 어떤 것과의 사이에서 온다. 그들 세 가지 관계를 바르게 맺는다면 우리는 세상으로 나가게 되고 열정을 느끼며 삶의 의미와 목표를 갖게 된다."

우리가 돌봐야 할 '관계(혹은 사이)'는 세 가지이고 각각 관리법이 다르다.

감사, 하이트에 따르면 타인과의 좋은 관계에서 으뜸은 감사다. 겉치레로 고맙다는 말을 넘어 진심으로 감사하는 마음을 키워야 한다. 또 감사를 마음속에만 담아두면 아무 소용이 없다. 말로써 진정 어린 감사를 표현해야 좋은 관계를 만들 수 있다.

일, 일과의 관계도 소홀히 할 수 없다. 일을 잘해야 일과의 관계가 조화롭다. 일을 잘하지 못하면 나의 가치를 인정받을 수 없다. 일을 잘하려면 어떻게 해야 할까? 단순하다. 자신만의 강점을 계발하고 활용해야 한다. 나만의 능력, 창의성, 경험을 기르고 쌓아야 일과 내가 사이좋게 지낼 수 있다.

큰 목표, 하이트는 자신보다 큰 것과도 관계를 잘 맺으라고 권하는데, 나보다 큰 것은 뭘까? 예를 들면 종교 단체나 환경 단체가 있다. 또 책 읽기 모임, 봉사 단체, 연예인 팬덤도 나보다 크다. 원한다면 정치적 모임에 참여하는 것도 가능하다. 이런 모임에 들어가서 활동하면 우리는 무엇을 얻을까? 소속감을 느끼고 연대의 기회를 얻는다. 하이트에 따르면 "의미 있고 숭고한 목적을 추구한다"는 느낌도 얻을 수 있다. 나 개인을 초월하는 목표를 향해 나아갈 때 우리는 행복하다. 뒤집어서 검토해 보면 메시지가 더 분명해진다.

첫째, 동료에게 오만한 사람은 불행하다. 가령 자기 혼자 힘으로 모든 성과를 이뤘다고 믿는 사람은 감사를 모른다. 그렇게 오만해서는 협력 관계가 약해지거나 무너질 수 있으며, 존경과 호감을 얻기 힘들다. 감사하지 못하고 오만한 사람은 타인과의 관계 속에서 불행해진다.

둘째, 무능력해도 불행하다. 자신의 능력을 키우지 않고 일을 잘해내지 못하는 사람은 행복하기 어렵다. 잘할 수 있는 일을 찾거나, 자신이 선택한 일을 잘하도록 노력해야 한다. 유능함이 일과 나의 관계를 건강하게 만든다.

셋째로, 자기 속에 갇혀 있어도 불행하다. 인간은 약한 존재다. 혼자서는 의미와 행복을 찾기 힘들다. 사람들이 힘을 합쳐 만든 조직이나 가치에 관심을 가지고 참여해야 삶의 의미와 행복이 생긴다. 자기 속에 갇혀 의미를 찾지 못하면 불행감이 무럭무럭 자란다.

조너선 하이트 Jonathan Haidt 미국 뉴욕대학교 사회심리학 교수. 인간의 도덕성과 정치적 성향을 연구하고 《바른 마음》과 《행복의 가설》 등을 저술.

★ ☀ ☆

깜깜한 우물을 느끼고 들여다보듯이 자기 속만 살펴서는 불행에서 탈출하기 어렵다. 가령 '내가 왜 이러지?' '내게 무슨 문제가 있는 거지?'라고 내부를 향한 질문을 거듭하면 깊고 깜깜한 우물 속에 빠지게 된다. 나의 속이 한없이 혼란스러울 때는 내 밖에 있는 사람과 직무와 목표에 눈길을 주는 방법이 해법이 될 수 있다.

04

감정은 모두
내가 창조하는 것

감정은 멀리서 날아와 나에게 꽂히는 것이 아니다

아무도 없는 숲에서 큰 나무 한 그루가 쓰러지면 소리가 날까? 이 질문은 과학과 철학에서 오래 논의된 주제다. 미국 신경과학자 리사 펠드먼 배럿은 《감정은 어떻게 만들어지는가》라는 책에서 이 질문에 대해 명쾌한 답을 제시한다.

배럿이 말하길 상식적인 답변은 '그렇다'이다. 소리가 난다는 것이다. 그럴 것 같다. 듣는 사람이 있건 없건 육중한 나무가 바닥을 때리면 굉음이 난다고 주장할 사람이 대다수일 것이다. 그런데 과학적인 답변은 '아니다'라고 한다. 소리가 나지 않는다는 것이다. 나무가 쓰러지면서 생기는 것은 소리가 아니라 공기의 울림이다. 그 울림이 소리가 되기 위해서는 반드시 필요한 것이 있다. '뇌와 연결된 귀'가 그것이다. 공기의 울림이 귀로 들어가서 전기 신호로 바뀐 뒤 뇌로 전달되어야, 비로소 소리라는 것이 생긴다. 그런데 숲에 아무도 없다면, 청각 장치도 없다. 그러므로 "소리는 없고 오직 공기의 움직임만 존재한다."고 배럿은 말한다.

　이 흥미로운 논리대로라면 인간은 기뻐해야 한다. 인간이 위대한 창조자이기 때문이다. 나무가 일으킨 공기의 울림은 재료에 불과한데, 인간이 창조적으로 소리를 만들어낸다. 아름다운 폭포 소리도 인간에 의해 탄생한 것이다. 깊은 커피 맛도 달콤한 꽃향기도 모두 인간이 맛보고 냄새 맡으면서 완성된다.

　이 논리를 감정의 문제에까지 확장할 수 있다. 인간은 감각 정보만 만드는 게 아니다. 정서도 창조한다. 바람 소리를 들었다고 하자. 누구는 상쾌하겠지만 잎새에 이는 바람에도 괴로운 사람이 있다. 바람 소리 때문에 저마다 느끼는 상쾌함, 괴로움, 슬픔, 안정감 등 다양한 감정은 누가 만든 것일까. 당연하게도 바람이 아니라 나 자신이다. 내 귀가 바람 소리를 창조했듯이 내 마음이 감정을 창조한다. 바위, 천둥, 노을, 교통 정체, 햇빛에 대한 감정도 메이드 인 미made in me이다.

　사물에 대한 감정뿐 아니라 사람에 대한 감정도 마찬가지다. 우리는 사람을 좋아하거나 미워하거나 존경하거나 무시한다. 그런 감정들은 어떻게 생길까? 타인의 언행에 숨어 있는 가치관, 성품, 지성, 의도 등을 내가 추측하고 판단한 후에 그 사람에 대한 감정을 결정한다. 진화인류학자 브라이언 헤어의 《다정한 것이 살아남는다》에는 이런 글귀가 있다.

"모든 감정은 우리가 세상을 보는 렌즈를 통해서 더 크게 자라난다. 감정은 우리의 가슴에 육감에 손끝에 있다고 느껴지지만 실제로는 우리의 생각에 있으며 대개는 타인의 생각에 대한 나의 추측과 추론에서 만들어진 것이다."

감정은 모두 내가 창조한 것이다. 기쁨과 자부심과 뿌듯함 같은 것들을 내가 만들었다. 반대로 화가 치밀어도 그 화는 내가 만든 것이다. 자괴감도 내 속에서 지어냈다. 두려움도 내가 선택했다. 이른바 구성된 감정이다. 내가 감정을 만들었다면 내가 다 지워버릴 수 있다. 얼마나 좋은가! 희망적이고 기쁜 일이다.

자신의 마음을 예민하게 관찰하는 사람은 모를 수 없다. 감정이 바깥에서 날아와서 나에게 꽂히는 게 아니다. 내가 손수 감정을 만들어 내 가슴에 꽂는다. 감정의 창조자 지위를 나에게 부여하면, 내가 나를 통제할 수 있다. 감정의 주인으로서 내 감정을 통제하고 관리하는 연습을 그렇게 시작할 수 있다.

행복러의 넛지 ☺

리사 펠드먼 배럿 Lisa Feldman Barrett 미국 노스이스턴대학교의 석좌교수. 심리학과 신경과학 분야를 혁신적으로 연구하는 신경과학자. 《감정은 어떻게 만들어지는가?》 등을 저술.

★ ☀ ☆

미국의 진화 인류학자 브라이언 헤어와 버네스 우즈의 공저인 《다정한 것이 살아남는다》의 이런 구절도 기억에 남는다.

"때로는 마음 이론, 즉 타인의 마음을 읽는 능력은 고통의 원천이 되기도 한다. 누군가가 의도적으로 나를 괴롭힌다는 확신이 들 때 증오는 더 뜨겁게 불타오른다."

우리는 타인의 마음을 읽고 해석하는 능력이 있다고 믿는다. 사실 그런 능력이 없이는 인간적 상호작용이 가능하지 않다. 그런데 그 해석이 자주 틀릴 수도 있다는 게 문제다. 오해와 오판을 밑거름으로 내가 부당한 감정을 만들어내 가슴에 꽂는 경우도 흔하다. 어떡해야 할까. 가능하면 좋은 쪽으로 생각하는 게 유익하다. 미워하고 증오해야 마땅한 사람은 극소수에 불과할 테고, 어쩌면 그 리스트를 작성할 권리가 우리에게 없을지도 모른다. 독한 감정으로부터 나를 적극적으로 보호하는 것, 그것이 행복의 중요한 기술이다.

05

문제를 해결해 주는
딴생각

고민을 멈춰야 고민이 풀릴 때가 있다

어떤 사람이 직장에서 자신을 조롱하는 동료들을 어떻게 대해야 하나, 설득을 해야 하나, 열흘 넘게 숙고 중이다. 또 다른 사람은 강요받은 이혼 때문에 한 달 내내 고민하고 있다. 답은 나오지 않고 두 사람은 머리가 폭발할 것 같다. 고통의 시간이다. 빨리 해답을 찾아야 할 텐데 묘안이 없다. 그 길고 긴 고통에서 벗어나려면 어떻게 해야 할까?

이러한 상황에서는 고민을 잠시 멈추고 다른 일에 몰두하는 것이 좋다. 집안일을 하거나 자전거를 타거나 그림을 그리거나 시를 쓰거나 웹툰을 보거나 콘서트에 가거나 가난한 사람을 돕거나 밤하늘을 바라보는 것처럼 말이다. 이런 일들은 고민과 무관한 딴짓 같지만, 해답을 찾는 데는 도움이 된다. 오랫동안 고민에 집중해야 한다는 건 오해다. 생각을 멈춘다고 해서 생각이 정말 멈추는 것도 아니다. 고민 해결을 잠시 쉬어도 우리의 충직한 뇌는 열심히 해결책을 찾아서 우리에게 선물을 줄 수도 있다.

그런 놀라운 경험을 했던 유명인사를 소개하겠다. 19세기 프랑스 수학자 쥘 앙리 푸앵카레이다. 그는 큰 괴로움에 빠져 있었다. 꼭 풀고 싶은 수학의 난제가 있었는데 해결이 되지 않았기 때문이다. 푸앵카레는 오랜 시간 동안 문제의 토씨 하나하나에 정신을 집중했지만 답을 찾을 수 없었다. 그런데 어느 날 여행을 떠난 그가 버스(아마도 말이 끄는 버스)에 발을 하나 올리는 순간이었다. 조심하려고 발의 움직임에 정신을 모은 그 순간에 수학 문제의 해법이 머리에 번쩍하고 떠올랐다.

요한 하리가 쓴 《도둑맞은 집중력》에 나오는 이야기인데, 그때 수학자의 마음을 상상해 보자. 아무도 풀지 못할 문제를 해결했다는 자부심과 환희에 전율을 느꼈을 것이다. 그리고 어리둥절하기도 했을 것이다. 연구실에서 온 정신을 다 모았을 때는 풀리지 않다가, 버스 발판에 신경을 쓰는 동안에 답이 떠오르다니 신기하면서도 기이한 일이다. 만일 연구실을 떠나지 않았다면 푸앵카레는 그 난제를 영영 풀지 못하고 포기했을지도 모른다.

문제에 집착하면 문제 해결이 어렵다. 문제를 충분히 고민했다면, 다른 일로 관심을 돌려보자. 그러면 뇌가 스스로 문제를 풀어준다. 푸앵카레만이 그런 경험을 한 것은 아니다. 아르키메데스도 마찬가지였다. 풀지 못하면 자칫 그의 목이 달아날 수도 있는 문제의 해답을 알아낸 것은 목욕하던 중이었다. 우주의 원리를 담은 사과는 휴식을 취하던 뉴턴의 눈앞에서 떨어졌다. 그들은 너무나 기뻐서 어린아이처럼 뛰고 싶었을 것이다. 뇌는 신기한 장치다. 생각을 멈춰도 계속 생각한다. 이게 고통의 원인이 되기도 한다. 잊고 싶은 고민이 있는데 자꾸 떠오른다. 창피한 순간의 기억이 저절로 솟아오르는 걸 막기 어렵다. 뇌는 마음대로 고통을 준다. 반면 좋은 점도 있다. 앞에서 얘기했듯이 수학의 난제를 풀어준다. 부피 측정 방법과 중력의 비밀도 알아내게 도와준다. 개인적 고민의 해법도 불쑥 던져준다.

긍정적인 면에 주목해 보면 고마운 결론이 나온다. 그러니까 너무 열심히 고민하지 말자. 그건 비효율적이다. 고민에서 벗어나 때론 엉뚱해지자. 실없는 잡담을 하거나 산책을 하거나 음악을 듣거나 라면을 먹거나 하는 것처럼 말이다. 그러면 마음이 가벼워지고, 눌린 해답이 풍선처럼 떠오를지도 모른다.

나는 그럴 때가 있다. 고민이 깊어지면 안도감이 든다. 깊은 고민을 하면 지적인 사람이라는 생각마저 들 때가 있다. 하지만 정신적 고통이 커야 크게 깨닫는다는 해묵은 생각이 만들어낸 착각일 뿐이다. 쉬엄쉬엄 고민해도 문제를 해결할 수 있다. 우리에게는 놀라운 능력이 있다. 생각을 하지 않으면서도 생각할 수 있는 것이다. 사실 고민이나 생각의 집중도가 너무 높으면 시각이 비뚤어지고 해로운 결론에 도달할 수도 있다. 무거워지지 말자. 가볍게 생각하자. 그래야 정말로 가벼워진다.

요한 하리 Johann Hari 영국의 저널리스트이자 작가. 《도둑맞은 집중력》
《벌거벗은 정신력》 등을 저술.

★ ☀ ☆

요한 하리는 《도둑맞은 집중력》에서 캐나다 맥길대학교의 신경학 및
신경외과 교수인 네이선 스프렝의 설명을 다음과 같이 요약했다.

첫 번째로 딴생각을 하는 동안 상황을 종합적으로 이해하게 된다. 가
령 책을 읽는 동안에는 중간중간 정신 배회를 하면서 앞에서 읽었던
내용을 떠올리고, 자기 삶과의 관련성을 생각하고, 앞으로 어떤 이야
기가 이어질지 뇌는 생각한다. 그러는 동안 책에 대한 종합적 이해에
도달할 수 있다. 독서뿐 아니라 일상생활에서도 딴생각 환경과 상황
에 대한 이해를 돕는다.

두 번째로 딴생각을 하면 창의력이 높아진다. 창의력이란 없는 걸 만
들어내는 게 아니라 머릿속에 이미 있던 것을 새롭게 연결하는 능력
이다. 쥘 앙리 푸앵카레의 사례에서처럼 딴생각이 이런 창의력을 높
여준다.

세 번째로 딴생각은 머릿속 시간 여행을 부추긴다. 배회하는 정신은
과거의 사례를 살피고 미래를 예측하게 되는 것이다. 우리는 딴생각
덕분에 현재에만 빠져 있지 않게 된다.

이런 이유들 때문에 요한 하리는 딴생각이 집중력의 반대가 아니라,
집중력의 한 유형이라는 결론을 내리게 되었다고 말한다. 고민 속에
빠져 있으면 안 된다. 딴 일을 하는 동안 고통에서 벗어날 길이 저절
로 열릴 수도 있다. 거의 공짜 같다. 얼마나 기쁜 소식인가.

생각 멈추기의
기술

내가 중요하다고 생각하는 것은 생각만큼 중요하지 않다

먼 옛날 유럽의 어느 나라에서 딸이 있는 남자와 결혼한 한 여자가 있다. 진실로 사랑해서 결혼했는지 알 수 없지만, 여자가 백번 이득이라고 세상 사람들은 입을 모았다. 결혼 상대자가 한 나라의 왕이었기 때문이다. 여자는 권력과 부를 누릴 수 있는 왕비의 지위에 오른다. 그런데 문제가 있었다. 의붓딸이 지나치다 싶을 정도로 예뻤다. 왕비는 미모만큼은 세계 최고라고 자신했으니, 의붓딸이 자신보다 백배 천배 아름답다는 세평은 견디기 힘들었다. 번민의 나날을 보내던 왕비는 딸을 살해할 계획을 세우고 실행에 옮겼다. 사냥꾼을 시켜 숲으로 끌고 가 죽이려고 했고, 독 사과를 먹여 독살 시키려고 했다.

원작에서 왕비의 최후는 비극적이다. 숯불에 달군 쇠 구두를 신고 쓰러져 죽을 때까지 춤을 춰야 했다. 왕비는 중범죄를 저질렀다.

범죄의 뿌리는 마음속에 있다. 나쁜 생각이 왕비를 악한으로 만들었다. 하지만 여기서 열등감, 질투, 증오심 같은 걸 말하려는 건 아니다. 우리가 주목할 것은 왕비의 착각이다. 중요하다 싶은 걸 얻으면 완전한 행복을 이룰 것이라는 착각이 문제였다.

왕비는 최고 미녀 자리가 더없이 중요하다고 믿었다. 그걸 얻으면 삶이 완벽해지리라고 생각했다. 그런데 정말 그럴까. 가장 아름답다는 찬사가 왕비를 끝없이 행복하게 만들까. 그게 아니라는 걸 누구나 안다. 얼굴이 예쁘면 좋겠지만, 미모 말고도 평안한 마음, 좋은 관계, 건강, 지혜 등으로 행복할 수도 있다. 외모는 행복의 일개 조건에 불과해서 그것만으로는 지극한 행복에 이를 수 없다. 그 쉬운 사실을 왕비 본인만 몰랐다. 왕비 혼자만 오해했다. 왜 그렇게 되었을까?

미모에만 집중했기 때문이다. 집중은 위험하다. 무엇이든 집중하면 커 보이고 더 중요하게 착각할 수 있기 때문이다. 이런 착오의 이름도 있다. 미국 심리학자 대니얼 카너먼은 《생각에 관한 생각》에서 '주목 환상focus illusion'이라는 개념을 소개한다. 사람은 어떤 것에 너무 주목하면 그것이 실제보다 중요해 보이는 환상에 빠지게 된다는 의미다. 카너먼은 그 심리 현상이 단 한 문장으로 요약된다고 말한다.

"삶의 어떤 것도 당신이 그걸 생각하는 동안에 당신이 생각하는 만큼 중요하지 않다."

무엇에 대해 생각하는 동안에는 인생에 있어 그것이 가장 중요하게 생각된다는 말이다. 예를 들어, 돈에 대해서 생각하는 동안은 돈이 제일 중요하다. 그러나 돈은 생각만큼 중요하지 않다. 권력에 대해서 생각하는 동안에는 권력이 엄청나게 가치 있다고 생각된다. 하지만 그것은 환상이다. 환상에 빠진 사람이 자신이 환상에 취했음을 모른 채, 사람들을 기만하고 쿠데타를 일으킨다.

어떻게 해야 주목 환상의 위험에서 벗어날까. 카너먼은 세 가지 방법을 제안한다. 첫 번째로 한쪽 측면에 고착되지 말고 경험 전체를 고려하면서 집중의 범위를 넓혀야 한다. 두 번째로 경험에 대한 우리의 중요도 판단이 항상 정확하지는 않다는 걸 잊지 말아야 한다. 세 번째로 삶의 부정적인 면보다는 긍정적인 면에 집중하려고 노력해야 한다.

독 사과를 든 왕비 못지않게 유명한 주목 환상 환자가 또 있다. 로미오와 줄리엣의 주목 환상도 만만찮게 해롭다. 그들은 서로에게 몰두했기 때문에 서로가 세상 무엇보다 소중하고 가치 있다고 확신했다. 사랑이 심지어는 자신의 목숨보다 더 중요했다. 물론 그것은 사랑의 환상이다. 로미오와 줄리엣도 몇 년 더 사귀었다면 자신들이 환상에 빠졌었다는 걸 깨닫고 수줍게 웃을 수도 있었을 것이다. 그렇게 환상을 넘어서야 사랑이 완숙된다는 걸 그때 그들은 몰랐다.

돈, 지위, 명예, 로맨틱한 사랑 등 뭐든 마찬가지다. 내가 중요하다고 생각하는 것은 내 생각만큼 중요하지 않을 수 있다. 바꿔 말해서 나는 생각보다 덜 중요한 문제 때문에 지금 필요 이상으로 괴로워하는지 모른다. 자주 생각하지 말자. 때때로 스위치를 내려서 신경을 끄자. 생각을 잠시 멈추면, 이슈의 중요도는 실제에 가깝게 보이고 번민과 고통의 크기는 줄어든다. 도저히 생각을 멈출 수 없다면, 당신은 사안의 중요도를 무한대로 과장하고 있는 것이다. 위험한 환상에 빠졌을지 모른다. 안 된다. 우리 환상하지는 말자.

행복러의 넛지 ☺

대니얼 카너먼 Daniel Kahneman 이스라엘 출신 미국의 심리학자이자 행동경제학자. 2002년 노벨 경제학상 수상. 《생각에 관한 생각》《노이즈》등을 저술.

★ ☀ ☆

"삶의 어떤 것도 당신이 그걸 생각하는 동안에 당신이 생각하는 만큼 중요하지 않다."

본문에 나와 있는 이 문장은 《생각에 관한 생각》의 영문판에서 다음 문장을 번역한 것이다. Nothing in life is as important as you think it is when you are thinking about it. 참고로 국내 번역서에는 의미가 분명하도록 이렇게 번역되어 있다. "지금 삶에서 무언가를 생각하고 있다면, 그것이 무엇이든 지금 생각하는 만큼 중요하지 않다."

아무것도 하지 않는 최선

무계획 무작정 인생도 풍요로운 여정이다

목표를 향해서 전력 질주하기. 그것이 우리가 오랫동안 생각했던 최선이다. 목표가 무엇이건 온 힘으로 달리지 않는다는 자각이 들면 불안하다. 삶에서 위험하거나 패배하지 않을까 무서워진다. 그래서 자신을 더욱 채찍질한다. 목표를 향해서 전력 질주한다는 건 꽤 무서운 관용 표현이다. 자기 엉덩이를 때리면서 달리는 경주마를 상상해 보라. 기괴하고도 불쌍한 질주다.

그런 낡은 최선 개념을 내 머릿속에서 지우면 더 행복해진다. 목표를 향해 전력으로 달려야 하는 건 아니다. 가끔은 멈춤이 최선이다. 때로는 달리기가 아니라 나무처럼 가만히 앉아 기다리는 게 최선이다. 섬세한 행복론을 펴는 미국 경제학자 러셀 로버츠가 그렇게 말해준다.

로버츠는 《결심이 필요한 순간들》에서 로마 여행 스타일을 둘로 나눈다. 하나는 계획형 여행이다. 우리가 익히 아는 MBTI 성격 유형의 하나로, 가야 할 곳과 먹을 곳, SNS 사진 스폿 등을 사전에 철저히 연구해서 시간과 동선 등 여행 스케줄을 완성하는 타입이다. 이렇게 정교한 여행 일정을 미리 만들면 로마의 구석구석을 전부 답사하고 기록물을 남길 수 있다. 다른 여행 스타일은 무계획형이다. 최대한 시간을 비워두고 천천히 여행지를 다닌다. 구체적이며 절대적인 여행 목표가 없고 시간 계획도 세우지 않는다. 되는대로 가고 마음 내키는 대로 쉬기 때문에 여유롭지만, 유명 관광지를 많이 빠뜨리게 되고 사진도 크게 남지 않는다.

로버츠가 보기에 두 스타일은 각기 장점이 있고 둘을 절충하면 이상적이다. 그런데 세상은 무계획형에 비판적이다. 계획형 여행은 합리적이지만 무계획형은 목표 없는 여행이라고 나쁘게 여긴다. 하지만 무계획형 여행에는 분명한 장점이 있다. 그중 하나가 우연한 감동의 가능성이 높다는 점이다. 로버츠가 드는 예처럼 이를테면 길을 걷다가 푸치니의 노래를 부르는 가수를 만나서 그 앞에서 시간을 보낼 수 있다. 다리 위에서 감동적인 석양을 만날지도 모른다.

여행이 아니라 삶은 어떨까. 목표와 그에 따른 계획을 꼼꼼히 세워서 달리는 인생이 많다. 자녀의 의대 입학을 꿈꾸며 초등학교 때부터 공부를 재촉하는 부모, 명문대에 진학을 꿈꾸는 학생, 스타 연예인이 되기를 꿈꾸는 연습생, 부자가 되기 위해 촘촘한 계획에 따라 좌고우면左顧右眄하지 않고 달리는 이들은 우리 주변에서 쉽게 볼 수 있다.

그런 계획형 인생이 나쁘다고 할 수는 없지만, 정말 자의로 기꺼이 그럴 수 있는 사람은 매우 드물다. 삶의 목표를 일찍부터 세우는 건 쉽지 않다. 사실 인간은 자신의 목표를 미리 알 수 없다. 로버츠에 따르면 피카소는 이렇게 말했다. "뭘 그릴지 알고 싶으면 그리기 시작해야 한다." 사전에 알고 그리는 게 아니다. 소설가도 다르지 않다. 주인공에게 어떤 일이 일어나고 어떻게 대응할지 모르고 쓰기 시작한다. 예술가들은 정해진 결말 계획이나 목표 없이 그림을 그리고 글을 쓰는 경우가 많다.

우리 삶도 그렇다. 우리가 무엇이 될지, 그리고 무엇이 되고 싶은지 모르고 산다. 목표나 의미는 삶의 과정에서 경험을 통해 알게 된다. 목표를 출발선이 아니라 과정에서 발견하는 게 보통의 삶이다. 그러니까 일찍부터 목표를 정하고 질주하는 삶은 비현실적이고, 우왕좌왕 갈팡질팡하는 것이 정상적인 인생행로다. 그러니 지금 당신은 괜찮다.

물론 누구나 그렇게 산다고 해서 마음이 편안한 건 아니다. 목표의 부재나 상실은 어쩔 수 없이 불안하다. 그렇다. 목표가 없거나 기껏 세워놓은 목표를 접어야 할 때면 두렵다. 갑자기 이정표를 잃고 깜깜한 숲속에 던져진 것 같이 막막하다면 어떡해야 할까? 로버츠는 지켜보며 기다리는 것이 최선이라고 말한다.

"가끔은 앉아 기다리면서 어떤 일이 일어날지 지켜보는 것이 더 낫다. 그럴 때 기다림은 우리가 할 수 있는 최선이다. 하지만 멍하니 기다리는 것은 아니다. 유심히 기다려야 한다. 주의 집중해야 하는 것이다. 나중 일에 예비할 뿐 아무것도 하지 않는 게 할 수 있는 최선일 때가 있다."

최선이 하나여야만 할 이유는 없다. 목표를 향해 질주하는 삶도 자기 채찍질이 너무 가혹하지만 않다면, 그 삶도 최선이다. 하지만 또 다른 최선이 있다. 아무것도 하지 않는 것이다. 목표 없이 가만히 기다리고 지켜보는 걸 아무나 할 수 있을까. 조바심과 불안의 포로가 되면 목표를 기다리고 지켜보기 힘들다. 기다림과 지켜봄은 격이 높은 마음의 증거다.

경쟁이 치열한 세상에 살면서 달리지 않을 수는 없다. 스스로 독려하면서 힘겹게 뛰어야 한다. 그러나 매일 하루 종일 달릴 수는 없는 일이다. 자주 멈추고 지켜봐야 한다. 말과 나무 혹은 강물과 호수의 이중 정체성을 갖는 게 현명한 사람의 선택이다.

나는 어떻게 될까. 내가 사랑하는 사람의 미래는 어떨. 정답은 아무도 모른다. 고요하게 기다려보자. 혹시 누군가 또는 나의 초자아가 "너 지금 손 놓고 뭐하냐?"라고 잔소리하면 차분히 답해준다. "나는 아무것도 안 하는 최선을 다하고 있다."

러셀 로버츠 Russell Roberts 미국의 경제학자이며 예루살렘 샬렘칼리지의 총장이자 스탠퍼드대학교 후버연구소의 연구원. 《내 안에 나를 만드는 것들》《결심이 필요한 순간들》 등을 저술.

★ ☀ ☆

본문에 나오는 문장 "가끔은 앉아 기다리면서 …… 아무것도 하지 않는 게 할 수 있는 최선일 때가 있다."는 러셀 로버츠의 《결심이 필요한 순간들》 영어판에서 번역했기 때문에 국내 출간 서적의 문장과는 다를 수 있다. 그의 또 다른 저서 《내 안에서 나를 만드는 것들》에서는 고전 경제학자 애덤 스미스의 명문장을 볼 수 있다.

"사람은 본성적으로 사랑받기를 원할 뿐 아니라 사랑스럽기를 원한다."

이 문장을 읽으면 가족이나 연인의 얼굴이 떠오른다. 친밀한 사적 관계 속에서 사랑받고 사랑스럽게 여기는 것도 큰 기쁨이다. 그런데 러셀 로버츠에 따르면, 아담 스미스는 훨씬 넓은 뜻으로 '사랑'을 언급했다. 즉 자신의 가치를 인정받고 존경받으며 진실하고 올바른 원칙을 가진 사람으로 보이는 것이 인간의 본래적 욕망이라는 뜻이다. 말하자면 사회적 사랑에 대인배 아담 스미스의 강조점이 있다.

얘기가 나온 김에 굳이 비교해 보자. 사적 사랑과 사회적 사랑 중 어느 것이 더 어려울까? 어쩌면 사적 사랑이 더 어려울 수 있다. 세상의 사랑을 받지만 가족의 사랑은 얻지 못한 사람들이 의외로 많기 때문이다. 서로의 바닥까지 다 보여주는 가족은 쉽게 실망할 수 있기 때문에 더 조심하고 세심해야 하는 관계다.

오늘만 산다고
생각하면

매일이 나의 기쁜 기일이고 생일이다

우리는 왜 불행할까? 우리가 어제를 후회하고 내일을 걱정하기 때문에 불행한 거라면 행복의 비결은 간단하다. 오늘만 산다고 믿는 거다. 오늘만 산다고 생각하면 무척 행복해질 수 있다. 당신의 수명이 기껏해야 24시간 남았다고 생각해 보라. 그러면 어제의 실책을 떠올릴 시간이 없을뿐더러 떠올려 봐야 아무 소용도 없다는 게 분명해진다. 내일도 쓸모없기는 똑같다. 하루살이에게는 내일의 결과를 두려워하며 낭비할 여유가 있을 수 없다. 괴로움이 닥칠 때마다 오늘 24시간만 산다고 상상하자. 과거의 힘들고 잊고 싶은 기억과 고통스러운 미래에 대한 걱정에서 즉시 벗어날 수 있다.

이러한 하루살이 인간은 가상이 아니라 사실일지도 모른다. 다음은 가브리엘 가르시아 마르케스의 소설 《콜레라 시대의 사랑》에 나오는 구절이다.

"인간 존재는 어머니가 낳은 그날 한번만 태어나는 것이 아니다. 삶은 인간이 자신을 낳고 또 낳도록 만든다."

사람을 처음 낳는 것은 어머니이지만, 두 번째부터는 자신이 자신을 낳는다. 깨닫고 후회하고 성장하고 좌절하면서 수천수만 번 자신을 새로 낳아야 하는 게 사람의 삶이다. 우리는 일생 동안 몇 번이나 후회하고 괴로워하며 성장하게 될까.

70년은 약 2만 5,000일에 불과하다. 고통은 따르지만 그래도 얼마나 기쁜 일인가. 우리는 매일 새로 태어날 수 있다. 매일이 나의 생일이다. 우리는 매일 다시 시작할 수 있다. 내일의 태양은 더 좋은 사람이 된 나에게 태양 빛을 비춰줄 것이다. 나는 새로운 심장과 눈과 다리로 햇살 아래를 걷게 된다. 우리는 밝은 희망을 품어도 된다. 지긋지긋한 계층, 내면, 지위, 인간관계가 내일 당장 완전히 뒤바뀐다는 소리는 물론 아니다. 하지만 거대한 바윗덩어리도 매일 조금씩 달라진다. 오늘의 바위는 어제의 바위가 아니다. 오늘의 나도 어제의 나일 수 없다. 나는 매일매일 다른 존재이며, 그 사실을 누적된 시간이 드라마틱하게 증명할 것이다.

부모 손을 잡고 아장아장 걷던 아기는 이제 구순 노인이 되어 탄생보다 죽음 쪽에 훨씬 가까워졌다. 노인은 어린 시절의 사진을 보면서 놀란다. 자신이 이렇게 어마어마하게 변했다는 게 무서울 정도다. 그리고 의문이 뒤따른다. 아장아장 걷는 그 아기는 아흔 살이 넘은 자신과 동일 인물인가. 아니면 수 없는 소멸과 재탄생을 통해 전혀 다른 존재가 된 것일까.

소멸과 재탄생의 세계관이 삶을 풍요롭고 행복하게 만든다. 이렇게 생각해 보자. 오늘 밤 잠이 들면 나는 소멸한다. 어제의 뼈아픈 기억들은 나와 함께 사라진다. 그리고 내일 아침 일어나는 나는 상위 버전의 나다. 내일 걱정은 말자. 걔가 알아서 잘하리라.

나는 오늘 24시간을 잘 살았으니, 편안히 잠들어도 된다. 내일은 걱정하라고 있는 게 아니라 새로 태어나라고 있는 것이다. 숙면을 위해 절실히 필요한 건 좋은 침대가 아니라 내 존재가 매일 끝나고 매일 새롭게 태어난다는 믿음의 수용이다.

너무 멀리 보기 때문에 인간은 불행하다. 고개를 빼거나 돌려서 앞뒤를 살피지 않아야 현재에의 집중력이 높아지고 편안해진다. 그냥 오늘만 보며 오늘 24시간만 가치 있게 사는 거다. 내일은 없다. 그렇게 무시해 줘야 내일도 행복해진다.

━━●━ 행복러의 넛지 ━◡◠━━━━━━━━━━━━━━━━━━━━━━━━━━━━━━━━━━○

가브리엘 가르시아 마르케스 Gabriel Garcia Marquez 콜롬비아 소설가이자 저널리스트, 정치 운동가. 대표작으로 《백 년의 고독》이 있으며, 이 작품으로 1982년 노벨 문학상 수상.

★ ☀ ☆

《콜레라 시대의 사랑》에 또 다른 인상적 이야기가 있다. 로마의 네로 황제처럼 살 수 있는 부를 가졌으면서도, 소도시의 작은 집에 살며, 일요일마다 허름한 별장의 해먹에 누워 사색하는 것조차 사치로 여기는 인물이 나온다. 사람들이 구두쇠라고 조롱하자 그는 이렇게 말했다.

"나는 부자가 아니오. 그저 돈 많은 가난한 사람일 뿐입니다."

막대한 돈을 마음껏 쓰지 않는 부자는 이를테면 권력을 다 쓰지 않는 절대 권력자를 연상시킨다. 또 지성을 과시하지 않는 천재나 먹을 게 넘쳐나지만 절제하는 소식가도 떠오른다. 남김없이 불태우는 치열한 삶만큼 적당히 남기는 여유로운 삶도 은근히 행복하리라.

감사와 겸손의 마법

나를 부끄러워하지 마라, 감사해야 초월한다

사회생활을 하는 사람들이 겪는 공통의 불행이 있다. 형편없는 말단 지위에 놓이면 누구나 창피하고 슬프고 화가 난다. "내가 왜 이따위 일을 하지?"라고 외치고 싶어진다. 나의 격에 맞지 않는 그런 창피한 지위를 어떡해야 뛰어넘을 수 있을까. 바로 그 지위에 감사해야 넘어설 수 있다. 그 창피한 지위를 싫어하고 부정하면 초월하기 어려워진다.

캐나다의 심리학자이자 작가인 조던 피터슨이 《질서 너머》에서 들려 준 실화를 들어보자. 레스토랑의 웨이터로 일하는 청년이 있다. 직장에서 가장 낮은 지위인 청년은 자기 일이 창피하고 싫었다. 훨씬 뛰어난 능력을 가진 게 틀림없는데도 그런 하찮은 일이나 하는 자신에게 화도 났다. 대부분의 직장인들과 같은 생각이다. 그래도 어떡하겠는가. 창피하고 화가 났지만 먹고 살기 위해서 어쩔 수 없이 일해야 했다. 청년은 불행했다. 수치심과 분노를 참아내느라 매일 매일 고통스러웠다.

그러다 청년은 서점에서 희망을 찾는다. 조던 피터슨의 책을 발견한 것이다. 유튜브와 팟캐스트를 통해서도 피터슨의 의견을 경청했다. 피터슨은 직장 같은 위계 구조의 맨 밑바닥 경험이 아주 유익하다고 말하는 사람이다. 감사와 겸손을 배울 수 있기 때문이다. 직장을 다니다 보면 많은 사람들이 뛰어난 지식과 성실성으로 자기 역할을 하고 있다는 사실을 알게 된다. 그들 덕분에 회사가 유지되고 나도 일할 수 있다. 너무나 감사한 일이다. 또 나보다 능력과 경험치가 월등한 사람들에게 배워서 성장하기로 결심한다면 그게 바로 겸손의 자세다.

청년 웨이터는 조던 피터슨의 주장을 받아들이기로 했다. 가장 낮은 지위에 있기 때문에 오히려 도움받고 배울 기회가 많다고 믿기로 했다. 그리고 감사와 겸손의 자세를 가지면 어떤 일이 일어나는지 흥미진진하게 지켜봤다. 직장에서는 이전에 없던 놀라운 일들이 일어났다. 무엇보다 자신이 완전히 변했다. 감정을 다스리고 언행을 절제하면서 동료와 손님을 대했으며, 그랬더니 사람과의 관계가 달라졌다. 짜증 부리는 대신 웃으면서 고객을 응대하고 동료들과 원만하게 협업하는 게 전혀 어렵지 않았다. 그 결과 청년은 능력과 성실성을 인정받기 시작했고 6개월 사이에 승진을 세 번이나 했다. 조던 피터슨의 예측대로라면, 그 청년은 승진을 거듭해서 조직에서 대체 불가한 직원으로 성장할 수도 있고, 아니면 대학에 진학해서 인생을 바꿀 기회를 얻을지도 모른다.

이 이야기의 교훈은 뭘까. 감사와 겸손의 미덕을 가져라? 자신이 누릴 수 있는 기회와 가능성을 찾아내라? 긍정적 자세로 노력하면 성공할 수 있다? 물론 이러한 좋은 메시지들이 모두 담겨 있지만 더 중요하고 심오한 게 있다. 행복감과 관련된 중요한 주제다. 즉 감사와 열망의 문제이다. 조던 피터슨의 문장을 옮기면 이렇다.

"그는 초보자로서의 역할을 받아들인 뒤 그것을 초월했다."

의미심장한 분석이다. 그 청년처럼 누구나 초라한 역할을 넘어서려면 먼저 그 역할을 받아들여야 한다. 셰프가 되려면 먼저 접시 닦는 자기 역할의 수용이 필요한 것이다. 물론 마지못한 수용은 무용지물이다. 자기 역할을 기쁘고 감사하게 받아들여야 새로운 기회와 가능성이 눈에 보인다. 수치심과 분노에 휩싸인 눈은 시야가 탁하기 때문이다. 탈출로도 기회도 방법도 아무것도 볼 수 없다. 현재에 불만을 품어서는 현재로부터의 초월은커녕 추락만 하게 된다.

역설적인 삶의 원리다. 자신의 현실에 기뻐하고 감사해야 그 현실에서 벗어날 수 있다. 이런 상식과 달리 현실을 증오하고 부정하면 그 현실에서 벗어나기 오히려 어렵다. 조직 말단 위치가 창피해서 못 견디는 직원은 승진 확률이 낮다. 반면 말단의 위치를 기쁘게 받아들이고 나아가 감사하는 직원은 그 자리보다 더 나은 자리로 옮겨 갈 확률이 높다. 탈출로와 성장로는 내 위치, 내 처지, 내 현실을 기쁘고 감사하게 수용하는 이에게 열린다.

영화 〈쇼생크 탈출〉의 주인공인 앤디 듀프레인도 좋은 예가 된다. 안락한 중산층 은행가였던 그는 날벼락처럼 아내 살인범으로 누명을 뒤집어쓰고는 더럽고 어두운 교도소에 갇힌다. 얼마나 억울했을까. 삶을 저주하며 몸부림쳐도 전혀 이상하지 않은 처지였다. 그런데 자신을 다스렸다. 교도소 재소자들과 웃으며 이야기하고 진심 어린 우정도 쌓아나갔다. 맥주와 도서관으로 재소자들을 기쁘게 하기도 했다. 그가 죄수 처지에 감사했다고는 못해도 죄수의 삶에서 기쁨, 우정, 연민, 신뢰를 발견하고는 행복한 미소를 지은 것은 분명하다. 반대로 그가 자기 처지를 증오하면서 불만과 고통에 치를 떨고만 있었다면 19년 동안 끈질기게 탈출 통로를 만들어 결국 자유의 몸이 되는 꿈같은 일은 없었을 것이다.

바꾸고 싶다면 감사해야 한다. 나의 처지를 바꾸고 싶다면 나의 처지에 기뻐하고 감사한 후에야 모색이 가능하다. 또 맨날 다투고 반목하며 서로 냉대하는 나의 가족을 바꾸고 싶다면 어떡해야 할까. 혐오의 감정을 뜨겁게 토하고 겁주면 바뀌려나. 아니다. 내가 그런 엉망진창인 가족의 일원임을 진심으로 감사할 수 있어야 교감을 통해 변화하도록 설득할 수 있다. 또 사랑하는 연인의 작은 변화라도 원한다면 그가 내 곁에 있어 감사하다고 인정하는 게 먼저다.

감사해야 열망하는 것을 이룰 수 있다. 그 웨이터가 말단 직책에 감사하기로 결심했듯이, 우리도 우리의 초라한 처지에 만족할 때 그것으로부터 초월해서 눈부신 처지에 놓이게 된다. 불만은 부적응을 부르고, 냉소는 배움과 발전의 싹을 차갑게 얼려버린다. 거듭 강조하지만 감사해야 발전한다. 보수적이고 늙은이의 잔소리 같지만 삶의 진리에 가깝다. 천재나 혁명가라면 다르겠지만 평범한 우리에게는 그렇다. 나락 즉 지옥에 떨어졌어도, 감사하는 마음을 끝내 지켜야 원하는 것을 얻게 된다.

행복러의 넛지 ☺

조던 피터슨 Jordan Peterson 캐나다의 심리학자이자 작가. 《12가지 인생의 법칙》《질서 너머》 등을 저술.

★ ☀ ☆

조던 피터슨은 격정적이면서도 섬세하게 주장을 펴는 캐나다 작가로서 국내에서 특히 인기가 높다. 《12가지 인생의 법칙》에서 말하는 네 번째 법칙도 인상적이다.

"당신을 오늘의 다른 사람이 아니라, 어제의 당신과 비교하라."

⑩

나쁜 감정은
착한 인간의 필수 요소

불안과 걱정 덕분에 우리는 사이코패스가 아니다

내 안의 나쁜 감정을 밀어내는 데 집중만 해서는 행복해지기 어렵다. 때로는 나쁜 감정의 긍정적인 면을 이해하고 보듬는 게 뛰어난 행복의 기술이다. 이를테면 불안과 죄의식, 두려움이 그렇다. 누구나 알듯이 이 어두운 감정들은 괴로움을 낳는다. 불안과 죄의식, 두려움이 큰 사람은 불행감도 아주 크다.

그런데 그 어두운 감정들이 뜻밖에 좋은 일도 한다. 우리의 영혼을 맑게 지켜주는 것이다. 만일 그런 괴로운 감정이 없다면 우리는 사악한 인간이 되어 타인과 자신의 행복을 완전히 망가뜨릴 위험이 충분하다. 그러니 불안과 두려움에 감사하고 보듬어야 합당한 것이다.

어째서 그런가. 사이코패스와 소시오패스를 예로 들어보자. 둘은 학문적 용어로는 반사회적 인격 장애에 속하는 성향으로, 폭력적인 행위 등으로 법과 규범을 심각하게 위반하는 특성이 있다. 또 자신의 이득이나 즐거움을 위해서 거짓말하고 속임수를 쓴다. 그리고 타인의 고통에 공감하지 못하므로 냉정하고 잔인하다.

미국 심리학자 에드 디너는 '소시오패스 혹은 사이코패스는 부정적 감정을 경험하지 못하는 위험성'을 보여주는 예라고 평한다. 그들이 위험한 것은 걱정, 불안, 죄의식, 수치심을 느끼지 못하기 때문이라는 말이다.

보통 사람은 윤리 의식뿐 아니라 불안감 때문에 거짓말을 꺼린다. 하지만 소시오패스나 사이코패스는 다르다. 불안감이라는 브레이크가 없기 때문에 해맑은 표정으로 거짓말을 한다. 또 보통 사람들의 죄의식은 타인을 해치거나 물건을 훔치지 못하게 하지만, 사회적 성격 장애자는 죄의식이 없으므로 거리낌이 없다.

그러니까 소시오패스나 사이코패스가 악한 것은 마음이 너무 화창해서다. 반대로 보통 사람이 선한 것은 걱정, 불안, 죄의식의 먹구름이 마음을 어둡게 하기 때문이다. 따라서 밝은 마음만 귀한 게 아니다. 어두운 감정도 소중하다. 역설적이게도 부정적 감정이 긍정적인 기능을 한다. 불안, 죄의식, 수치심은 신비롭게도 우리를 착한 사람으로 지켜주려고 태어났다.

아마도 아기는 불안, 수치심, 죄의식이 없이 태어날 것이다. 성장 과정에서 야단맞고 비난도 받다 보니 그런 어두운 감정이 가슴에 자리 잡게 된다고 볼 수 있다. 부모는 그걸 미안하게 생각한다. 동심의 그늘이 자신의 과오 때문이라고 믿는 것이다. 이 글을 쓰는 나도 내 아이를 기르면서 마음에 상처를 주고 어둡게 만들었다고 자책한 적이 많다. 하지만 어두운 감정은 착한 인간의 필수 요소라니 합리적이고 고마운 주장이다. 덕분에 나는 내 아이의 그늘에 대한 죄책감을 일부나마 해소할 수 있었다.

행복러의 넛지 ☺

에드 디너 Ed Diener 미국 유타대학교와 버지니아대학교의 심리학 교수. '행복 박사'라고도 불린다. 《행복의 과학》(공저) 《모나리자 미소의 법칙》(공저) 등을 저술.

★ ☀ ☆

사이코패스와 소시오패스에 대한 설명은 《모나리자 미소의 법칙》에 나온다. 문화에 따라 행복의 감정이 다르다는 설명도 매우 흥미롭다.

"아시아 문화권 사람들에게 '행복'은 고요하고 절제된 상태를 뜻하지만, 미국인에게는 흥분되고 신나는 감정을 의미할 가능성이 높다."

문화권마다 행복의 감정은 다르다는 말인데, 당연히 같은 문화권에서도 사람들마다 행복의 느낌이 다르게 정의된다. 내가 사랑하는 사람의 행복도 나의 행복과 똑같을 수 없다. 타인의 행복을 장담해서는 안 되는 이유다.

11

티셔츠를 고르듯
생각 고르기

아침마다 생각과 기분을 갈아입을 수 있다

사람은 아침마다 옷을 신중히 골라 입는다. 그런데 생각을 자기 뜻대로 고를 생각은 하지 못한다. 우리는 선택을 하지 않고 되는대로 생각하면서 산다. 불행하고 괴로운 생각마저 어쩌지 못하고 머릿속으로 들인다. 이건 너무 무기력하다. 잘못이다. 다른 누군가가 입혀주는 옷을 입는 것과 같다. 다음은 영화 〈먹고 기도하고 사랑하라〉에 나오는 대사다.

"매일 옷을 고르는 것처럼 생각을 고르는 방법을 배워야 한다. 그건 애쓰면 자라는 능력이다. 인생의 일들을 통제하길 간절히 원한다면 마음에 정성을 쏟아야 한다."

티셔츠를 고르듯이 생각도 고르는 것이다. 비뚤어진 생각을 고를 것인가. 나를 괴롭히는 생각을 택할 것인가. 아니면 낙관적이고 의연한 생각으로 갈아입을 것인가. 적극적으로 선택하는 연습을 하면, 생각 골라 입기 능력은 자랄 수 있다. 그런 능력은 고통을 줄여준다. 미국 심리학자이자 철학자인 윌리엄 제임스는 이렇게 말했다.

"스트레스에 맞서는 가장 강력한 무기는 다른 생각을 고르는 능력이다."

스트레스는 괴로운 생각이 만든다. 그러니 해법은 단순하다. 괴로운 생각을 즐거운 생각으로 뒤덮으면 된다. 부정적인 생각은 긍정적 생각으로, 비관적 걱정은 낙관적 희망으로 덮어씌운다. 그렇게 기분 좋은 생각을 선택하는 능력이 삶의 질을 결정짓는다. 단순하고 구체적인 생각 선택법을 추천한 사람도 있다. 미국 영화배우 데미 무어가 매일 아침 침대 위에서 잠시 마음을 정한다.

"디지털 기기를 집어 들면 우리는 즉시 토끼 굴로 빨려 들어간다. 그전에 하루의 의도를 명상하고 결정하는 시간이 필요하다."

스마트폰을 켜기 전에 딱 1분만 생각해 본다. 오늘은 어떤 생각, 어떤 의도, 어떤 기분을 입을 것인가. 매일 반복하면 머지않아 생각을 골라서 장착하는 능력이 향상된다. 섬세한 사람은 매일 아침 자신의 기분과 생각을 골라 입는다. 기분과 생각을 골라 입는 게 얼마나 신나는 일인가. 매일이 환상적인 여행이 된다. 독일 철학자 필립 휘블이 쓴 대중적 철학서 《하얀 토끼를 따라 가라》에 보면 프랑스 작가 마르셀 프루스트의 아주 유명한 문장이 인용되어 있다.

"최고의 탐험 여행은 미지의 땅으로 떠나는 여행이 아니라 세상을 다른 눈으로 보는 여행이다."

사람들은 낯설고 신비한 곳으로 여행을 떠나려고 안달이다. 그런데 미지의 땅에 간다고 진정한 탐험과 발견을 경험하기는 어렵다. 대신 다른 시각을 가지고 이 세상을 다시 봐야 가슴 벅찬 발견이 가능해진다. 아침마다 다른 시각을 장착하면 우리의 일상은 매일 환상적인 여행이 될 수 있다.

행복러의 넛지 ☺

윌리엄 제임스 William James 미국의 심리학자이자 철학자. 기능주의 심리학에 크게 기여했으며, 하버드대학교에 심리학연구소를 설립했다. 《삶은 살만한 가치가 있는 걸까》 등을 저술.

★ ☀ ☆

위의 마르셀 푸르스트의 인용문은 《잃어버린 시간을 찾아서》 5권에 나오는 문장으로 영어와 독어 번역본마다 조금씩 다를 텐데, 참고로 예일대학교 출판부가 낸 영역본의 문장은 이렇다.

"The only true voyage of discovery, the only fountain of Youth, would be not to visit strange lands but to possess other eyes."

유일하고 진정한 발견의 여행은—즉 유일한 젊음의 샘은—미지의 땅으로 가는 것이 아니라 다른 눈을 갖는 것이다.

타인의 지옥에서
탈출하는 법

타인이 아니라, 타인에 대한 해석이 지옥이다

삶의 기쁨도 그렇지만 고통도 상당 부분 타인에게서 온다. 그렇다고 타인이 지옥인 것은 아니다. 타인이 아니라 타인에 대한 해석이 지옥이다. 더 정확히 말하자면, 타인에 대한 나의 나쁜 해석을 진실이라고 믿을 때 내가 지옥에 빠져든다. 미국 심리학자 줄리 스미스가 쉽게 설명한다.

"우리는 함께 살고 서로에게 의존하기 때문에 생활의 많은 시간을 타인의 생각과 감정을 짐작하는 데 쓰게 된다. 하지만 기분이 우울할 때 우리는 짐작을 진실이라고 믿기 쉽다. 가령 친구의 표정이 평소와 다르면 나를 틀림없이 미워한다고 판단해버리는 것이다. 아마 기분이 나쁘지 않은 날이라면 다를 것이다. 무슨 일이 있는지 궁금해하고 친구에게 직접 물어볼 수도 있다."

누군가 나를 흘겨본다고 느꼈다면 실제로 흘겨봤을 수도 있지만, 혼자 제멋대로 짐작한 것일 수도 있다. 그렇게 진실이 모호한 순간이 하루에도 여러 번 있다. 사람은 하루에도 수십 번 근거도 없이 진실을 판별해야 하는 불안한 존재다.

큰 문제는 위 인용문에서 말하듯이, 기분이 나쁠 때 오판을 해서 지옥에 빠지기 쉽다는 점이다. 그러므로 내가 기분이 나쁠 때에는 마음 짐작을 멈춰야 한다. 아주 단순한 원리다. 우울하면 타인에 대한 생각을 멈추고, 마음이 밝아졌을 때 자유롭게 타인을 생각해야 한다. 그러면 지옥의 문이 좁아지고 천국의 계단에 에스컬레이터가 설치될 것이다.

추가로 기억할 게 있다. 배가 고플 때도 자신을 경계하는 게 좋다. 배가 고프면 기분이 나빠져서 타인을 악한 마음의 소유자로 해석하기 쉽기 때문이다. 누군가 악한 눈빛을 보내는 것 같다면 시급히 책상 서랍의 간식을 꺼내 먹자.

그래도 나의 뇌가 부정적 생각들을 끝없이 만들면 어떡해야 할까? 심리학자 줄리 스미스는 거리 두기를 권하며 세 가지 방법을 소개한다.

첫 번째는 그 유명한 '마음 챙김'이다. 일반적인 정의로는, 아무런 해석이나 판단 없이 현재의 느낌과 생각에 집중하는 것을 뜻한다. 지금 이 순간 내가 무엇을 느끼고 생각하는지 주목하는 사이에 불안과 두려움 등이 점차 옅어진다는 게 명상가들의 설명이다.

생각과 거리를 두는 두 번째 방법은 거리감 있는 표현을 쓰는 것이다. '나는 이러다 미쳐버릴 것 같다'라고 독백하는 대신에 '나는 이러다 미쳐버릴 것 같다고 멋대로 생각하고 있다'라고 말해 보자. 나를 관찰하듯이 말하면 된다.

마지막 세 번째로 심리학자 줄리 스미스가 가장 즐겨 쓰는 방법은 생각 받아쓰기다. 자신이 어떤 걱정, 두려움, 불안, 슬픔에 사로잡혀 있는지 글로 쓰면 감정은 객관화된다.

그런데 국내외 많은 전문가들이 추천하는 이 좋은 방법들이 즉각적인 효과가 있는 것은 아니다. 불행감 수준이 꽤 높은 나의 경험에 비추어볼 때 괴로움을 만난 사람에게 가장 필요한 것은 시간인 것 같다. 마음의 원상 복구가 빠른 행운아들도 적지 않지만, 나의 경우 작은 불안은 몇 분 안에 지워져도, 기분이 크게 꺾여서 부정적 생각들이 가슴 한가득 채워진 후에는 그것을 바늘구멍으로 빼내고 회복하는 데 적어도 사나흘은 걸린다. 잠에서 깨어났을 때 어제와 비슷하게 무겁고 어둡고 막막한 기분을 적어도 서너 번은 경험한 후에야 조금 밝아지기 시작한다. 슬픔, 외로움, 두려움, 좌절감의 지옥에 빠진 나는 긴급 구조가 아니라 고요한 기다림이 필요하다.

조급하면 더 빨려들어 간다. 마음의 지옥에서 탈출하려고 서두르지 말자. 천천히 빠져나와도 된다. 물론 탈출 시간을 단축시키는 비법은 있다. 위에서 말한 마음 챙김과 거리를 둔 표현, 생각 받아쓰기가 분명 도움이 될 것이다.

줄리 스미스 Julie Smith 미국의 임상 심리학자. 심리치료에 틱톡을 활용하며 300만 명 이상의 구독자를 보유했다. 《마음을 어떻게 다룰까》 등을 저술.

13

건설적 비관주의

~

반드시 낙관적이어야 행복한 것은 아니다

지금 나는 행복에 대한 책을 쓰고 있지만 미래를 어둡게 보는 편이다. 낙관적이지 않고 비관적이다. 너무나 낙관적인 사람에 대한 소문을 가끔 듣는데, 내가 아는 사람의 아들은 군대 가기 전날 두렵기는커녕 설레서 잠이 오지 않는다고 하소연했단다. 해고당한 쉰다섯이 넘은 아내가 더 좋은 직장에 재취업하리라 정말로 믿어 의심치 않았던 무직 남편도 안다. 말할 것도 없이 낙관적인 사람들이다. 비관적인 나는 그들이 무척 부럽다.

낙관적이어야 행복하다고들 말한다. 사실 그런 것도 같다. 좋은 일이 생길 거라는 믿음이 시련 속에서도 웃게 만들고 기쁨과 여유를 갖게 한다. 행복은 낙관의 열매다. 그런데 그게 안 되는 사람도 있다. 아무리 애를 써도 비관은 촘촘한 방충망을 뚫고 들어오는 모기처럼 집요하게 마음속으로 비집고 들어온다. 미래를 밝게 보고 싶어도 어두운 그림자가 눈에 먼저 띄어서 두려워지는 걸 비관주의 자는 어쩔 수가 없다.

그러면 나를 포함한 비관주의자들은 불행할 수밖에 없는 걸까? 물론 그렇지는 않다. 문제는 정도다. 과도한 비관은 불행의 원인이 지만 적절한 비관은 오히려 불행을 막아준다. 여기 흔치 않은 작가 가 있다. 비관과 낙관의 균형 문제를 명료하게 설명하는 그는 안토 니아 마카로이다.

심리치료사이자 작가인 마카로에 따르면 조금 우울한 사람이 현 실을 더 정확히 인식한다고 한다. 우리는 낙관주의가 우월하다고 흔히 생각한다. 하지만 문제가 있다. 한없이 낙관적이면 세상이 온 통 장밋빛이기 때문이다. 물론 과도하게 비관적인 사람에게는 세상 이 잿빛이다. 모두 알다시피 장밋빛도 잿빛도 환상일 뿐이다. 세상 의 진짜 색깔은 그 중간의 어떤 색이다. 그러므로 낙관주의에 비관 주의를 적당량 섞어야 세상을 정확히 볼 수 있다. 적절히 비관적이 어야 또 미래 위험을 평가하고 비상 계획도 세운다. 백 퍼센트 낙관 주의는 오히려 위험하다는 말이다.

적절한 수준의 비관주의를 건설적 비관주의 또는 현실적 비관주 의라고 부른다. 미래에 나쁠 일이 벌어질 것 같은 느낌 때문에 괴롭 다면 "아! 내가 건설적이고 현실적인 사람이구나."라고 자기를 위 로하면서 좀 편해져도 괜찮다.

그리고 혹시 군대 가기 전날 밤 설렌다거나 중년 아내의 재취업 을 확신하는 초낙관주의자는 "혹시 나의 사고가 비현실적인 것 아닐까?" 하고 자기 점검을 하는 것이 이롭다. 여기 현실적 비관주의를 보여주는 캐릭터가 있다. 원작을 조금 변형했다.

뜨거운 여름날 길을 가던 두 여우가 먹음직스러운 포도송이를 발견했다. 포도송이는 알이 굵고 색깔도 진했다. 첫 번째 여우는 포도가 과즙이 많고 달콤하리라 확신하고는 입을 벌리고 폴짝폴짝 뛰기 시작했다. 열 번 스무 번 넘게 뛰었다. 하지만 포도가 매달려 있는 높은 가지에 입이 닿지 않았다. 포도를 포기한 여우는 빈손으로 귀가해야 했다. 행복한 집에 와서도 여우는 밤새 괴로웠다. "그 포도를 따먹었다면 얼마나 좋았을까. 맛있는 포도를 먹지 못한 게 너무나 원통하다."라고 안타까워하면서 여우는 밤을 새웠다.

두 번째 여우는 달랐다. 포도를 따려고 두세 번 점프하고는 포기했다. 그리고 이렇게 자신에게 말했다. "저 포도는 달기는커녕 시큼할지도 몰라." 이 여우는 폴짝폴짝 뛰는 친구를 뒤로하고 집에 가서 맛있는 저녁을 먹고 편하게 잠이 들었다.

첫 번째 여우는 정직하고 두 번째 여우는 포기가 빠른 자기 합리화쟁이일까. 아닐 것 같다. 두 번째 여우는 현실적인 비관주의를 지녔다고 볼 수도 있다. 사람들은 과일을 살 때 냄새를 맡거나 두드려보는 등 자세히 살펴본 후에 구매하지만, 사실 먹어보지 않고 과일 맛을 정확하게 알기는 쉽지 않다. 하물며 높이 매달린 포도의 맛이 좋다고 낙관할 근거는 미약하다. 겉은 멀쩡하지만 속에는 시큼한 포도알이 들어 있을지 모르는 것이다.

두 번째 여우는 그런 비관적 가능성을 생각하고 나서 일찍 포기했다. 그 덕분에 집에서 작고 평범한 행복을 마음껏 누릴 수 있었던 걸 보면 두 번째 여우가 현명하다.

먹음직스럽게 보이는 포도라도 레몬이나 신김치처럼 강한 신맛이 날지 모른다. 그러면 화려한 아파트와 고급스러운 자동차는 어떨까. 그 속에 말할 수 없이 달콤한 게 들어 있을까? 세상의 모든 장밋빛은 잿빛을 감추고 있다. 아무리 좋아 보이는 것도 비관적으로 볼 수 있는 균형 잡힌 시선이 섬세한 행복의 조건이 된다.

행복러의 넛지 ☺

안토니아 마카로 Antonia Macaro 영국의 실존주의 심리치료사이자 철학 상담사. 영국에서 큰 사랑을 받는 철학자이자 비평가. 줄리안 바지니(Julian Baggini)와 《당신의 질문은 당신의 인생이 된다》 등을 저술.

★ ☀ ☆

《당신의 질문은 당신의 인생이 된다》에는 불완전성에 대한 자의식이 강해서 고통받는, 불쌍한 완벽주의자가 반길 인용문도 있다. 일본의 정신과 의사 모리타 쇼마가 이렇게 말했다고 한다.

"자신이 될 수 있는 최선의 불완전한 인간이 돼라."

어제 술 마시고 실언했거나 돌이키지 못할 실수를 저지른 불완전한 사람에게 위안이 될 명문장이다. 그렇다. 인간은 운명적으로 불완전하다. 완전하지 않다고 고통스러워하면 과욕이다. 다만 최선의 불완전한 인간이 되려고 애쓰면 그게 최선이다.

14

내 삶 속에 만드는
자유의 섬

세상 밖으로 떠나지 않아도 자유로울 수 있다

반려견과 함께 공원을 산책하는 사람들이 많다. 그런데 사람이 반려견을 산책시키는 걸까, 아니면 반려견 덕분에 게으른 자신이 운동하게 되는 걸까. 화초를 기르는 사람도 늘고 있다. 사람들은 화초가 햇빛을 받게 도와주고 꼬박꼬박 물을 주고 잎을 닦으며 보살핀다. 그런데 정말 사람이 화초를 보살피는 것일까? 아니다. 그 반대일 가능성이 높다. 오히려 식물이 사람들 생명의 은인이 될지도 모른다.

다음은 하버드대학교 심리학과 교수 엘렌 랭어가 《마음 챙김》에서 소개한 사례다. 미국 코네티컷의 한 요양원에 있는 노인들을 대상으로 연구를 진행한 적이 있다. 연구팀은 노인들 중 일부에게 화초를 기르게 했다. 어떤 화초를 기를지, 어떻게 기를지는 노인들이 스스로 결정했다. 그러니까 화초 선택과 관리 방법을 결정할 전적인 자유를 노인들이 누린 것이다.

　30개월 후 연구팀이 요양원을 방문했다. 그 동안 사망한 노인들이 적지 않았는데, 한 가지 특이점이 확인되었다. 화초를 기른 노인 집단과 그렇지 않은 노인 집단의 사망률 차이가 뚜렷했던 것이다. 화초를 기르지 않은 노인들의 사망률에 비해 화초를 기른 노인들의 사망률은 절반이 안 됐다.

　이 실험에서 화초가 노인들의 수명 연장에 기여했다는 추정이 가능하다. 화초를 돌보는 과정에서 노인들의 생명력이 풍부해졌던 것이다. 연구팀은 노인들이 누린 자유가 건강의 비결이라고 결론을 내렸다. 스스로 화초를 선택하고 자신이 관리 방법을 결정하고 몸을 움직여 화초를 돌본 노인들은 자유를 누렸으며, 그 자유가 삶의 질과 행복의 수준을 높여 수명을 연장시켰다는 의미다.

　다시 말하면 이런 명제가 도출된다. 자유가 행복을 주고 행복은 생명력을 풍요롭게 한다. 안락함과 영양 상태도 더없이 중요하지만, 자유 또한 행복의 필수 요건이다. 그 사실은 UN 산하 '지속가능 발전 해법 네트워크'가 발간한 〈2023년 세계 행복 리포트〉를 봐도 확인할 수 있다.

　행복학자들이 꼽은 행복의 요소는 총 여섯 가지인데, 그중 다섯은 수입, 건강, 의지할 사람(어려움을 겪는다면 도와줄 사람이 있나), 부패 수준(사회가 부패했다고 생각하나), 너그러움 수준(최근 기부를 한 적이 있나)

이다. 그리고 마지막 남은 것이 바로 자유도다. 자신이 일이나 행동을 선택할 자유가 있다고 생각하면 자유도가 높은 것으로 평가된다.

화초를 돌보는 자유가 노인들을 건강하고 활기차게 만들었다. 자유가 뭐길래, 사람들의 건강에까지 그토록 영향을 미칠까? 자유는 세 가지로 정의할 수 있다.

첫 번째로 자신에게 진실한 삶을 사는 것이 자유다. 자신의 가치와 꿈을 배신하지 않고 나에게 충실한 삶을 살아야 자유롭다.

두 번째로 자율적인 삶을 사는 게 자유다. 남에게 구속되는 삶은 노예의 삶이다. 내가 선택한 길을 내가 원하는 방식으로 여행해야 자유인이다.

세 번째로 나만의 기쁨을 누리는 것이 자유다. 내가 선택한 목표, 나에게 의미 있는 목적지를 향해 조금씩 다가가면서, 나에게 고유한 기쁨과 보람을 느끼는 자존심이 바로 자유다.

정리하면 자유는 세 가지 삶을 준다. 자신에게 진실한 삶, 자율적인 삶, 자기만의 기쁨을 느끼는 삶이 자유의 선물이다. 자유를 누려야 우리는 건강하고 기쁘고 행복할 수 있다. 좋은 말이다. 하지만 이 책의 필자는 이상론으로 이야기를 끝맺을 만큼 순박하지는 않다.

나도 백번 안다. 자유가 아무리 중해도 당장 직장을 때려치우거나 집을 팔아치운 돈으로 해외여행을 떠나는 게 평범한 대부분의 사람들에게 건전한 선택지가 될 수는 없다. 대안은 자유의 섬을 자신의 삶 속에서 만드는 것이다. 답답한 요양원의 노인들이 화초를 기르는 시간을 갖는 것처럼, 우리도 답답한 삶에서 자유로운 일을 하나씩 하는 것이다.

취미 생활도 좋고 운동 습관도 괜찮다. 독서나 명상은 더할 나위 없이 훌륭하다. 내가 좋아하는 작은 일들을 내가 원해서 하는 게 자유이고 행복이다. 자유로운 시공간을 점점 늘리면 우리는 진실하고 자율적이며 기쁜 삶을 더 자주 경험할 수 있다. 완전은 아니어도 실로 적잖게 불행을 피할 수 있다.

행복러의 넛지 ☺

엘렌 랭어 Ellen Langer 하버드대학교 심리학과의 종신 교수로 임용된 미국의 심리학자. 마음 챙김 명상의 발전에 기여했다. 《늙는다는 착각》 《알아차림의 미학》 등을 저술.

★ ☀ ☆

생각이 게을러도 불행해진다. 내 앞의 상대나 상황에서 장점을 찾지 않고 서둘러 생각을 멈추면 짜증이 나고 화가 치미는 걸 막기 어렵다. 《마음 챙김》에서 엘렌 랭어는 이렇게 말한다.

"자신이 몹시 싫어하는 사람을 묘사할 때는 한 문장으로 끝내는 것이 보통이다. 하지만 만약 아주 상세히 묘사해야만 하는 상황에서 그 사람을 설명하다 보면 결국 몇 가지 장점이 있음을 인정하게 될 것이다. 사람이 아닌 사물이나 상황에 대해서도 마찬가지다."

우리는 마음이 참 게으르다. 생각하기를 꺼린다. 아무리 싫어 하는 사람이나 상황도 깊이 생각해 보면 이해할 근거를 찾을 수도 있을 텐데 오래 생각하기 싫어한다. 게으른 생각도 불행의 한 이유가 된다.

2장

눈부신 나를
깨닫는 행복

창의적인 사람이
행복하다

장보기마저도 예술적 창작 행위다

예술가는 행복하다. 창의적인 일을 하기 때문이다. 아예 없었거나 있었지만 아무도 몰랐던 것들을 글과 그림, 음악 등으로 표현하는 창작 활동은 큰 기쁨이자 행복이다.

그러면 우리 보통 사람들은 어떤가. 직장과 거처 등 범속한 장소에서 인생을 거의 다 보내는 우리는 창의성이 없으며 그 때문에 불행하다고 봐야 할까. 물론 아니다. 우리 보통 사람들도 역시 창의성이 충만하고 그것을 활용한다. 감각이 섬세한 사람들은 그 사실을 훤히 알고 있다. 가장 창의적인 음악 프로듀서로 꼽히는 릭 루빈은 《창조적 행위》에서 이렇게 말했다.

"창조는 전에 없던 것을 존재하게 만드는 활동이다. 대화도 창조다. 문제를 해결하는 일도, 친구에게 주는 쪽지도, 방의 가구 재배치도, 교통 체증을 피해 집으로 가는 길 찾기도 모두 창의적 활동이다."

친구에게 문자를 보내고도 자랑스러워해야 할 것 같다. 잘 썼건 못 썼건 당신은 창의적인 일을 해냈다. 가구를 옮기거나 방 정리를 해도 마찬가지다. 상황을 살피고 머릿속에서 대안적 질서를 만든 후에 현실화한 당신은, 밤하늘의 별을 살핀 후 머릿속에 이미지를 만들고 하얀 종이 위로 옮기는 화가와 똑같이 창의적이다. 당신은 예술가이며 당신의 행위 하나하나가 예술 활동이다. 할리우드 배우 헬레나 본햄 카터도 비슷한 이야기를 했다.

"나는 인생의 모든 것이 예술이라고 생각한다. 우리가 하는 일, 옷차림, 누군가를 사랑하는 방식, 말하는 방식, 우리의 미소와 성격, 우리가 믿는 것과 모든 꿈, 차를 마시는 방식, 집을 꾸미는 스타일, 우리의 장보기 목록, 만드는 음식, 글쓰기 방식, 우리가 갖는 느낌. 인생은 예술이다."

심지어 장보기 목록을 만드는 것도 창조 행위다. 나의 외모는 물론 삶의 스타일 하나하나도 창의적 숙고와 노력의 결과이다. 자랑스럽고 행복하지 않은가. 굳이 손발을 써서 뭔가 만들거나 바꿔야 창조 활동인 것도 아니다. 머리를 써서 생각만 해도 그게 창의적일 수 있다.

이를테면 창의적인 휴식이 가능하다. 자주 앉는 벤치에 엉덩이를 붙이고 생각해 보자. 주변을 보되 어제는 보지 않았던 나뭇잎과 표지판, 전선에 시선을 집중한다. 또 지금까지 듣지 않았던 소리에 귀를 기울인다. 지극히 창의적인 내적 활동이다. 사랑하는 사람의 무관심했던 면모에 집중해도 마찬가지다. 새로운 감각과 감정이 만들어진다. 그 또한 창조적 활동이다.

삶의 활동 하나하나가 창의적 행위다. 굳이 작가나 뮤지션, 댄서가 되려고 발버둥 칠 필요가 전혀 없다. 사람은 누구나 언제나 숨을 쉬듯이 창의성을 발휘하면서 산다.

인간 사회 밖에도 창의적인 동물들이 있다. 코끼리, 까마귀, 침팬지가 그렇다. 또 돌고래는 어떤가. 돌고래는 심지어 묘기를 스스로 개발한다. 미국 하와이대학교의 과학자들은 평소 평범한 재주를 부리는 돌고래에게는 매번 주던 생선을 주지 않았다고 한다. 그러자 돌고래들이 높이 도약하고 물속에서 빙글빙글 도는 등 새로운 재주를 보여줬다. 이 정도 묘기면 생선 간식을 주겠냐는 질문인 셈이다.

창의적인 돌고래는 도구도 쓴다. 스펀지를 뜯어서 주둥이에 물고 사냥을 한다. 돌과 부러진 산호 틈에 사는 물고기를 사냥할 때 그렇게 한다. 스펀지로 주둥이를 보호하기 위해서다. 돌고래는 동물 중에서도 특히 귀엽고 사랑스럽다. 창의적이기 때문에 그런 듯하다. 인간도 창의적이다. 농담도 하고 쇼핑도 하고 가구도 옮길 수 있다. 인간도 창의적인 돌고래처럼 귀엽고 사랑스럽다. 이 글을 읽는 당신도 생각보다 훨씬 귀엽고 창의적이다.

헬레나 본햄 카터 Helena Bonham Carter 영국의 배우. 팀 버튼 감독의 2010년 개봉작 〈이상한 나라의 앨리스〉에서는 조니 뎁 등과 함께 '붉은 여왕' 역으로 출연함.

★ ☀ ☆

《창조적 행위》에는 특별히 외로운 사람을 위로하는 내용도 있다. 창의적 감각이 뛰어난 사람은 남들이 볼 수 없는 것을 보고, 느끼지 못하는 걸 느낀다. 이것은 릭 루빈의 표현대로 '축복이자 저주'다. 축복인 이유는 짐작이 되는데 저주인 이유는 뭘까? 내가 보고 느끼는 것을 곁에 있는 이들이 보고 느끼지 못할 때의 고립감, 외로움, 타자화 감정이 찾아온다고 릭 루빅은 설명한다. 고독한 사람은 창의적이어서 고독한 것이다.

16

순서 없이 뒤죽박죽
살아도 괜찮다

내 안에 신비로운 것들이 도사리고 있다

다음은 미국 작가 브루스 파일러가 쓴 《위기의 쓸모》에 나오는 이야기인데, 우리 삶의 경로가 직선적이지 않다는 걸 알려주는 감동 실화다.

미국 조지아주에 크리스티 무어라는 여자아이가 살았다. 초등학교 때부터 등교를 무척 싫어해서 스쿨버스 타기 전에 꾀병을 부리기 일쑤였다. 작전 실패로 학교에 끌려가게 되면 학교에서도 아픈 척하면서 수업을 받지 않았다. 학교도 공부도 무척 싫었지만 부모의 압력 때문에 어쩔 수 없이 겨우겨우 학교에 다니던 크리스티 무어가 열여섯에 학교를 중퇴해도 될 만한 계기가 생긴다. 임신을 해버린 것이다. 남자 친구는 기뻐하며 결혼하자고 한다. 부모에게 임신 사실과 결혼 결심을 알린 후 둘은 몇 주 후 결혼식을 올린다. 남편이 된 남자 친구는 대학을 그만두고 KFC에서 일하기 시작했고 크리스티 무어도 고등학교를 중퇴했다. 둘은 무척 열심히 일했다. 패스트푸드점에서 남편은 매니저로 승진했다.

크리스티 무어는 새벽에 3시간 동안 신문을 배달했다. 억척같은 두 사람은 신용을 쌓아올릴 수 있었고 머지않아 대출을 받아서 식당도 하나 인수했다. 드디어 인생이 좀 편안해지는가 싶었는데 그게 아니었다. 튼튼한 줄 알았던 남편 로이가 중병에 걸려 두 차례 수술을 받고 몇 달 치 병원비는 고스란히 빚이 되었다.

병원비 말고도 생활비 부담이 늘었다. 이제 가족은 세 식구가 아니었다. 뱃속에 둘째가 들어선 것이다. 이런 상황에서도 크리스티 무어는 임신한 몸으로 첫째 딸을 최선을 다해 돌봤다. 그가 특히 중요시했던 것은 공공 도서관에 아이를 데리고 다니며 강의를 듣게 하는 일이었다. 그런데 바로 도서관에서 기적 같은 일이 일어났다. 기적의 수혜자는 딸이 아니라 크리스티 무어 본인이었다.

공예 수업에 딸을 들여놓고 난 뒤 몸이 무거운 크리스티는 털썩 주저앉아서 손에 잡히는 대로 책을 읽었다. 처음에는 《폭풍의 언덕》과 《앵무새 죽이기》를 읽었다. 그런데 이상하게도 책에서 재미를 느꼈다. 《오만과 편견》《위대한 개츠비》《모비딕》등 고전을 닥치는 대로 읽었다. 그렇게 싫었던 책 읽기에 재미를 붙여서 새로운 세상, 새로운 감성, 새로운 언어를 경험한 후에 크리스티 무어는 주변 사람들이 깜짝 놀랄 결심을 한다. 학교로 돌아가기로 한 것이다.

공부를 새로 시작하는 크리스티 무어의 질주는 멈추지 않았다.

암스트롱 애틀랜틱 주립대학교에까지 입학했다. 세 아이 양육, 집안일, 건강하지 않은 남편 등 모두를 건사하며 공부를 열심히 했다. 학사와 석사 학위를 받았고 갑상선암과 싸운 후에는 박사 학위에도 도전했다. 그리고 고등학교를 그만둔 지 24년 후, 《폭풍의 언덕》을 읽은 지 16년 만에 드디어 교육학 박사 학위를 받게 된다. 크리스티 무어는 자기처럼 학교를 싫어하거나 뛰쳐나온 아이들을 상담하고 돕는 교육자가 되었다. 그는 공부 말고 이성에게 관심이 있었던 10대 시절에도 행복했을 테지만 공부를 진정 사랑하는 지금도 무척 행복할 것 같다.

우리는 이 이야기에서 무엇을 배울 수 있을까? 먼저 삶이 뒤죽박죽이어도 괜찮다는 걸 알게 된다. 크리스티 무어의 삶은 순서가 없었고 예측 불가능했으며 비선형적이었다. 일반적으로 인생은 순차적인 사건의 연쇄다. 이를테면 고등학교 졸업, 대학 진학, 취업, 결혼, 자녀 얻기, 양육, 서서히 늙어 죽기 등의 과정들이 차례로 펼쳐지는 게 우리가 상상하는 인생이다.

그런데 실제로는 무순서 뒤죽박죽 삶도 많다. 일찍 자녀를 가질 수도 있고 결혼을 여러 번 할 수도, 나이가 들어 대학에 진학할 수도 있다. 인생에는 정해진 순서나 절차가 없다. 누가 정해주려는 것은 예의 없는 짓이다. 인생의 순서는 삶의 기쁨을 최대화하도록 내가 자유롭게 정하면 그만이다.

크리스티 무어는 삶의 호전 가능성을 강력하게 시사한다. 열여섯에 임신한 여자아이, 음식점을 하다가 망한 젊은 부부, 그런 엄마 아빠와 사는 세 아이의 미래도 암울할 것만 같다. 그런데 크리스티 무어는 가능성을 증명했다. 큰 부자가 된 것은 아니지만 자기 꿈을 이루고 가족과 기쁘게 사는 행복한 사람이 되어 운을 역전시켰다. 그의 삶은 호전되었다. 행복이 다시 찾아왔다. 쉽게 희망을 잃는 습관적 좌절병 환자를 반성하게 만든다.

하지만 여기서 끝이 아니다. 가장 중요한 이야기가 남았다. 크리스티 무어는 우리가 자신의 신비를 모른다는 사실을 깨닫게 해준다. 크리스티 무어는 어릴 때부터 책과 공부를 지독하게 싫어하는 아이였다. 그런데 우연히 《폭풍의 언덕》 몇 페이지를 읽은 후에 알게 된다. 자기 안에 책과 사색, 공부를 사랑하는 자신이 들어 있다는 것을 말이다. 얼마나 놀라고 감동했을까.

우리는 우리 속에 무엇이 있는지 잘 모른다. 어떤 신비롭고 좋은 것이 내 속에서 자라고 있는지 알지 못한다. 열린 경험과 잦은 성찰과 진득한 기다림이, 내가 몰랐던 나를 세상에 태어나도록 도와줄 것이다. 내가 아무리 초라해져도 자신에 대한 신비감을 잃지 않아야 한다. 자기 신비감은 섬세한 사람의 감각이다. 자기 속에 신비로운 가능성이 있다고 믿는 순간, 우리의 눈은 밝게 빛나기 시작한다.

브루스 파일러 Bruce Feiler 미국의 베스트셀러 작가이자 방송인. 《가족을 고쳐드립니다》《아빠가 선물한 여섯 아빠》 등을 저술.

★ ☀ ☆

《위기의 쓸모》의 서문을 보면 저자는 심각한 가족의 위기를 겪었다. 파킨슨병이 원인이었는지 온화하던 아버지는 12주 동안 자살을 여섯 차례 시도를 할 만큼 절망적인 상태로 빠져들고 말았다. 정신적 고통과 혼란에 빠진 아버지에게 브루스 파일러가 놀라운 질문을 한다.

"어린 시절에 어떤 장난감을 가장 좋아하셨어요?"

감동적인 질문이다. 장난감처럼 기쁘고 신비로운 게 있을까. 이 질문은 아버지가 자기 삶의 신비와 기쁨과 설렘을 다시 상기하도록 이끌었으리라. 나는 내 삶에서 무엇을 가장 좋아했던가. 나 자신과 친구에게 물어볼 수 있는 최고의 질문 중 하나다.

답할 수 있는 질문

나는 답변 가능한 질문만 받을 권리가 있다

나에게 던지는 질문이 나의 행복을 결정한다. 행복하게 만드는 질문은 답할 수 있는 질문이다. 답할 수 없는 질문을 자신에게 던지면 고통을 겪게 된다. 여기 한 미국 여성이 있다. 어린아이가 셋이고 이혼 위기를 맞았다. 밤이 되어 아이들 양치질을 돕고 굿 나이트 인사를 한 후 모두 재우고 나자, 그제야 하루 육아의 피로가 파도처럼 몰려왔다.

침실로 들어간 여성은 쓰러지듯 주저앉았다. 호흡이 얕아졌다. 안간힘을 다해 기어가서 벽에 등을 대고는 두 무릎 사이에 얼굴을 묻었다. 이제 그녀의 머릿속에 온갖 질문들이 떠올랐다.

남편은 다른 여성과 결혼할까?

아이들이 새엄마와 함께 살게 될까?

새엄마가 아이들을 사랑하지 않으면 어떡하지?

새엄마가 아이들을 사랑하면 어떡하지?

아이들이 새엄마를 미워하거나 사랑하면 또 어떡하지?

이혼이 아이들의 삶을 망치게 될까?

무섭고 두려운 질문들이다. 그것은 답을 할 수 없기 때문이다. 남편이 이혼 후 다른 여자와 결혼할지 안 할지 아이들이 새엄마와 잘 지낼지 아닐지 어떻게 답을 할 수 있겠나. 답변이 불가능한 질문을 스스로에게 던졌으니 더욱 괴로울 수밖에 없었다.

이 난감한 상황에 놓인 여성은 미국 작가 글레넌 도일이다. 그는 어떻게 대처했을까. 지성적이며 단단한 사람답게 그는 이성적으로 대처했다. 답할 수 있는 질문만 찾아서 자신에게 제출한 것이다. 먼저 정신을 차리고 컴퓨터 앞에 앉았다. 그리고 중요하면서도 현재 답할 수 있는 현실적 질문을 타이핑하고 그 옆에 답을 써봤다.

나는 사랑받고 있나? 그렇다.

아이들은 사랑을 받고 있나? 그렇다.

이와 비슷한 최악의 상황에서 살아남은 적이 있나? 그렇다.

나는 가족과 친구들의 사랑을 받고 있다. 아이들도 지금 듬뿍 사랑을 받고 있다. 그리고 지금처럼 어려운 경험을 이겨낸 적도 있다. 그렇게 정리를 하고 나니 기운이 솟을 수밖에 없다.

글레넌 도일은 자신에게 답할 수 있는 질문을 던져야 한다고 충고한다. 가령 이런 식이 될 것이다.

나는 행복해질까?
나는 1년 후 그 회사(그 대학)에 붙을 수 있을까?
나는 가까운 미래에 행복한 가정을 꾸릴 수 있을까?

답할 수 있는 질문인가. 내가 아니라 누구라도 대답할 수 없다. 신이라면 모를까 아무도 정답을 모른다. 그러므로 이렇게 비참하고 불안하게 만드는 질문은 집어치워야 한다. 대신 답이 가능한 질문이 필요하다.

나는 오늘 행복했는가?
나는 시험 준비를 충실히 하고 있는가?
나는 내 연인을 이해하려고 노력하고 있는가?

답하고 실천하고 새로운 생활 계획을 세우게 하는 질문이다. 이런 질문이 나에게 길을 제시해 주니까 현명한 질문들이다. 또 나를 배려하니까 따뜻한 질문들이다. 다그치듯이 까다로운 질문을 던지는 사람은 자신에게 얼음처럼 차가운 존재다. 자신이 답할 수 있도록 배려 깊은 질문을 던지는 사람이 자신에게 모닥불처럼 따뜻하고 고마운 사람이다.

글레넌 도일 Glennon Doyle 미국의 작가이자 사회 활동가. 모마스터리 (Momastery)라는 온라인 커뮤니티 창설. 여성, 가족, 어린이를 지원하는 비영리 단체 '투게더 라이징' 설립.

★ ☀ ☆

여기서 소개한 사례는 《러브 워리어(Love Warrior)》를 참고했다. 글레넌 도일의 대표작 《언테임드》는 국내에도 번역 출간되었고 세계적으로 총 200만 독자를 만났다.

밀란 쿤데라

18

흘러간 시간을
행복으로 색칠하기

~

천천히 걸으면 행복이 길어진다

제멋대로 내달리는 시간은 한번 놓치면 영원히 되돌릴 수 없는 걸까? 아닐 수도 있다. 흘러간 시간을 다시 끌어와 행복하게 색칠할 수 있다. 그렇게 색칠된 슬프고도 아름다운 사랑 이야기를 해보겠다. 베르디의 오페라 〈라 트라비아타〉의 줄거리다.

1800년 전후의 파리, 귀족 청년 알프레도와 사교계 유명 인사 비올레타가 사랑에 빠지게 된다. 하지만 어느 날 알프레도의 아버지 제르몽이 비올레타를 찾아와 알프레도를 포기하라고 설득한다. 제르몽은 집안의 명예를 지켜야 했다. 또 알프레도의 빗나간 사랑 때문에 딸의 혼삿길이 막히는 것도 우려했다. 제르몽의 설득이 먹혀서 비올레타는 알프레도를 위해 떠나기로 결심한다.

알프레도는 비올레타를 오해한다. 다시 화려한 사교계 생활을 원해서 자신을 버렸다고 판단했던 것이다. 비올레타는 자신이 희생했음에도 이기적인 배신자로 비난받는 처지가 되었다. 오페라의 말미에는 오해가 풀리고 알프레도는 비올레타에게 달려간다. 하지만 이미 비올레타는 지병인 폐결핵이 악화돼 죽어가고 있었다. 알프레도는 비올레타의 죽음보다 빨리 도착할 수 있었을까? 다행히도 알프레도는 비올레타가 죽기 전에 도착했고, 비올레타는 알프레도의 품에서 숨을 거둔다.

노벨상을 받은 심리학자 대니얼 카너먼이 《생각에 관한 생각》에서 회고하길, 자신은 오페라를 감동적으로 봤지만 귀가하는 길에 풀리지 않는 궁금증을 느꼈다고 한다. 예민한 그가 떠올린 질문은 이렇다. 왜 관객들은 10분에 불과한 마지막 짧은 재회를 그렇게 중요시할까?

관객들은 그 마지막 10분 때문에 오페라를 감동적인 사랑 이야기로 기억한다. 만일 카너먼의 가정처럼 알프레도가 늦게 도착해서 임종하지 못했다면 어땠을까. 아마 오페라는 감동 없는 작품으로 여겨져 지금의 인기는 없었을 것이다. 마지막 10분이 오페라의 색채를 결정한 것이다. 사람들 마음에서는 결말의 기억이 전체의 의미를 결정한다. 카너먼에 따르면 그것은 대장 내시경이나 영화를 볼 때 그리고 여행에 있어서도 마찬가지라고 한다.

그게 정확히 무슨 뜻인가. 카너먼이 친절히 설명해 주지 않으니 우리가 알아내야 한다. 조금만 생각해 봐도 결말이 의미를 결정한다는 말이 맞다. 영화의 처음과 중간 부분이 좀 재미없어도 결말이 감동적이면 명작으로 기억될 확률이 높다. 여행도 비슷하다. 마지막 날 아름다운 풍경을 보고 신나는 경험을 했다면 그 여행은 최고의 여행으로 머리에 저장된다. 또 대장 내시경 결과 건강하다는 최종 진단을 들으면, 그 이전 불쾌하고 고통스러운 검사 과정의 기억이 다 지워지거나 미화된다. 오페라도 대장 내시경 검사를 닮았다. 전체의 의미가 결말에 의해 결정된다.

〈라 트라비아타〉가 가장 분명한 예이다. 비올레타는 오랫동안 고통을 겪었다. 배신자 취급을 받았고 폐결핵의 고통을 당했으며 심지어 죽음도 맞게 된다. 너무나 슬프고 괴로운 시간들이었다. 그런데 관객에게는 그런 불행이 큰 의미가 없다. 마지막 부분 즉 결말이 감동적이었기 때문에 비올레타의 삶도 행복한 듯이 기억한다. 비올레타 본인 역시 다르지 않았을 것이다. 최후의 행복한 1퍼센트가 나머지 99퍼센트의 불행을 덮고도 남았다고 볼 수 있다.

인간은 최후 순간의 의미를 보편화시킨다. 여기서 행복한 삶을 만드는 기술 하나가 나온다. 마무리를 잘하는 것이다. 끝을 행복하게 만들면 인생의 한 장면이 행복해진다. 연애가 그렇다. 연인과 하루 종일 신경전을 벌이고 다퉜어도 마지막에 화해하면 하루 데이트가 행복했던 것으로 기억되기 쉽다. 하루 종일 스트레스를 받고 속상해하면서 보냈다고 하자. 집에 돌아오니 밤 9시다. 12시까지는 3시간 남았다. 그 3시간을 행복하게 보내고 잠이 들면 오늘 24시간

전체가 행복하게 기억되는 것이다.

하루를 행복하게 마무리하는 방법들은 아주 많다. 오늘 내가 이루었던 기분 좋은 성과를 머릿속에서 정리한다. 따뜻하게 목욕을 한다. 사랑하는 사람이나 개와 시간을 보낸다. 기분 좋아지는 책을 읽거나 TV 프로그램을 본다. 편안한 음악을 듣는다. 그런 일들이 오늘의 끝을 행복하게 칠할 것이고 나아가 하루 24시간을 긍정적으로 만들어줄 수 있다.

시간은 흘러서 사라지지 않는다. 우리가 다시 끌어와서 새로운 의미를 부여할 수 있다. 한번 지난다고 끝이 아니다. 다시 얼마든지 기회가 생긴다. 친구에게 미안했던 마음의 빚은 나중에라도 갚으면 모두 행복해진다. 못된 남편이나 아내가 지금부터라도 착해지면 결혼 생활 전체가 행복한 색깔로 칠해질 가능성이 여전히 있다. 시간은 흘러가지만 행복해질 기회는 우리를 떠나지 않는다. 참 다행스러운 일이다.

또 다른 다행도 있다. 한 작가는 우리가 시간의 흐름도 조절할 수 있다고 주장한다. 매트 헤이그의 영어판 《살아야 할 이유》 중 일부를 번역하면 이렇다.

시간을 멈추고 싶다면 키스를 한다.
시간 속을 여행하려면 독서를 한다.
시간에서 벗어나려면 음악을 듣는다.

시간의 흐름을 느끼려면 글을 쓴다.
시간의 무게에서 벗어나려면 호흡을 한다.

소설가 밀란 쿤데라는 《느림》에서 몸의 속도로 기억을 조절할 수 있다고 말한다.

"느림과 기억 그리고 속도와 망각 사이에는 비밀스러운 연관이 있다. 아주 평범한 상황을 생각해 보자. 한 사람이 길을 걷고 있다. 어느 순간 그가 무엇인가를 떠올리려고 하는데 기억이 그를 빠져나간다. 그 사람은 자동적으로 걸음을 늦추게 된다. 한편 방금 겪은 불쾌한 일을 잊으려는 사람은 무의식적으로 빨리 걷기 시작할 것이다."

천천히 걸어야 기억이 빠져나가는 걸 막을 수 있다. 반대로 빠르게 걸으면 기억이 내게서 빠져나간다. 시간을 허비하면 기억되고 시간을 아끼면 잊게 된다. 행복한 기억을 지키려면 천천히 걷고, 불행한 기억을 망각하려면 빨리 달린다.

시간은 막무가내가 아니다. 시간이 우리의 통제력을 완전히 벗어나 있지도 않다. 하루의 의미를 변화시키거나, 시간의 흐름을 조절하거나, 시간을 이용해 기억을 조절하는 능력이 우리에게 있다. 놀랍고 행복한 일이다.

밀란 쿤데라 Milan Kundera 체코가 소련군에 점령당한 후 시민권을 박탈 당하자 프랑스로 망명한 소설가. 미시간대학교 명예박사이며, 《참을 수 없는 존재의 가벼움》《납치된 서유럽》 등을 저술.

★ ☀ ☆

《생각에 관한 생각》에서 대니얼 카너먼은 '정점과 종점 규칙(peak-end rule)'이라는 개념을 소개한다. 정점과 종점 규칙은 사람들이 과거의 일을 평가할 때 정점(클라이맥스)과 종점(끝)을 기준으로 삼는다는 걸 보여준다.

롤러코스터를 타면 초반의 급추락이 가장 강렬하다. 그것이 정점이고 클라이맥스다. 사람들은 나머지 과정은 다 잊고 첫 추락을 기준으로 롤러코스터의 경험을 평가한다. 반면 영화나 드라마, 만화 등에서 가장 중요한 것은 뭐니 뭐니 해도 결말이다. 사람들은 결말을 기준으로 작품을 평가한다. 이렇게 정점과 종점을 기준으로 이벤트나 스토리를 평가하는 인지적 편향을 개념화한 것이 정점과 종점 규칙이다.

양자 역학보다 어려운 행복론

나는 이미 행복의 비밀을 다 알고 있다

행복론은 양자 역학보다 어렵다. 답이 아예 없거나 아니면 답이 수백 수천 가지이기 때문에 행복론은 그 어떤 분야의 지식보다 까다롭다. 그러니 더 열심히 공부해야 한다. 숙고하고 성찰해야 행복에 가까워질 수 있다. 정반대의 주장도 가능하다. 굳이 공부할 필요가 없다. 이미 우리 안에 행복에 대한 정답이 다 들어 있다는 것이다. 지금 아는 걸 실행해서 변화하면 될 뿐이다.

가령 당신이 불치병에 걸렸다고 하자. 당신은 어떻게 변할까. 심리학자 어빈 얄롬에 따르면, 치료가 불가능한 암 환자들은 생각과 태도가 크게 변화하는데, 공통점을 뽑아보면 변화의 양상은 이렇다.

✦사소한 것에 큰 마음을 쓰지 않는 관점의 대전환을 경험한다.

✦하고 싶지 않은 일은 안 한다.

✦ 가족이나 친구와 열린 마음으로 의사소통한다.

✦ 과거나 미래를 잊어버리고 현재에 집중해서 산다.

✦ 계절의 변화, 떨어지는 잎, 타인과의 사랑 등 작은 기적에 감동한다.

✦ 삶이 가치 있고 감사하다는 걸 왜 암에 걸린 후에야 알게 되었을까 자문한다.

놀랍다. 암에 걸리면 그렇게 현인이 된다. 암에 걸려 죽게 되었는데 생명과 감사를 만끽하는 행복한 사람이 되었다. 암 환자들이 행복론을 배우려고 학원에 가지는 않았으리라. 행복에 관한 책을 수십 권 읽은 것도 아닐 것이다. 물론 책으로 행복을 배울 수도 없지 않은가. 우리는 모두 이미 행복의 비밀을 알고 있다. 심리학자 탈 벤 샤하르Tal Ben-Shahar는 이렇게 말한다.

"그들은 새로운 지식을 얻은 게 아니라 지금껏 알고 있던 것을 돌연 자각하게 된 것이다. 달리 말해 삶을 어떻게 살아야 하는지에 대한 지식이 이미 그들에게 있었다. 단지 그 지식을 무시했거나 의식하지 못했을 뿐이다."

우리도 다를 게 없다. 사랑하는 사람에게 어떻게 말하고 행동해야 할지 이미 안다. 어떤 삶이 나를 행복하게 할지도 다 알고 있다. 행복의 비결은 벌써부터 내 머릿속에 정리되어 있다. 필요한 것은 그것을 찾아내고 인식하고 실천하는 것뿐이다.

어떡해야 그런 인식과 실천이 가능해질까. 가장 효과적인 방법은 불치병에 걸리는 것이다. 특히 암이 좋다. 암 환자는 대체로 의식이 멀쩡하기 때문에 자신을 성찰할 수 있다. 또 생명이 서서히 꺼지므로 정신적으로 성숙해질 시간이 주어진다. 절대 낫지 않을 중증 암이 우리에게 각성과 행복을 선물할 수 있다.

그런데 불치병은 걸리고 싶다고 그렇게 쉽게 걸리는 병이 아니다. 감기야 추위 속에서 달리다 보면 바이러스 감염의 호조건이 조성되지만 암은 호락호락하지 않다. 그러니까 차선의 대책이 필요하다. 가령 자신이 죽을 것처럼 상상하는 연습을 하면 된다. 그 유명한 행복 문구처럼 메멘토 모리(죽는다는 걸 기억하라)하는 것이다. 곧 죽게 된다는 자기 최면에 걸리기만 하면, 우리는 현명해지고 여유로워지고 행복해진다.

그런데 그것도 어렵다면 다른 먼 길을 가야 한다. 공부다. 공부를 통해서 삶의 진리와 한계와 의미를 깨닫는 것이다. 공부할 책은 세상에 수백만 권이 있다. 어떤 사람은 행복을 얻기 위해 수십 년 수행을 한다. 정말 열심히 공부해야 우리는 겨우겨우 행복해진다. 참 이상하다. 내용을 다 알면서도 열심히 공부해야 하는, 양자 역학보다 이상한 과목이 바로 행복론이다.

어빈 얄롬 Irvin David Yalom 미국의 정신과 의사이자 심리상담사. 스탠퍼드대학교의 명예교수이자 소설과 논픽션 저자. 《태양을 직면하기》《죽음과 삶》 등 저술.

★ ☀ ☆

앞의 탈 벤 샤하르의 말 "그들은 새로운 지식을 얻은 게 아니라 ……의식하지 못했을 뿐이다." 는 《하버드는 학생들에게 행복을 가르친다》에서 인용했다. 탈 벤 샤하르의 행복한 강의는 '하버드 역사상 가장 사랑받는 강의'였다는 평가도 있다.

고백해야
겨우 이뤄지는 행복

⌒

도와줘요, 그 한마디면 나는 고통에서 탈출한다

안데르센의 원작에서는 인어공주가 왕자와 결혼하지 못하고, 소리 없이 소멸하고 만다. 왕자가 다른 여자와 결혼했기 때문에 인어공주는 물거품으로 변해버린 것이다. 최후의 기회가 없지는 않았다. 결혼 전날이었다. 언니 인어들이 인어공주에게 칼을 하나 전해주었다. 언니들의 길고 고운 머리카락과 맞바꿔서 마녀에게 받아온 칼이다. 그 칼로 왕자의 가슴을 찔러서 따뜻한 피가 다리로 흐르게 하면 된다. 다리는 원래의 물고기 꼬리로 변할 것이며 인어공주는 아버지, 할머니, 언니들이 있는 바다로 돌아가 삼백 년을 살 수 있다. 하지만 왕자를 자기보다 더 사랑한 인어공주는 거절했다. 칼을 바다에 던져버렸고 자신도 바다의 물거품이 되는 걸 택했다.

인어공주의 사랑은 왜 결혼으로 이어질 수 없었을까. 인어공주의 가장 큰 핸디캡은 발성 능력을 잃었다는 점이다. 말하지 않고는 사랑을 이루기 어렵다. 마음을 표현하지 않으면서 사랑할 수 있는 연인이 세상에 있을 리 없다. 수화나 필담이라도 필요하다. 인어공주는 목소리도 수화도 필담 능력도 없었기에 사랑을 이루지 못했다.

행복도 말을 해야 겨우 이뤄진다. 해야 할 말을 하지 않으면 관계는 부서지고 행복은 소멸한다. 틱낫한은 그 사실을 강조한다. 사랑하는 사람에게는 네 가지 말을 건네야만 한단다.

"내가 여기 있어요. 당신을 위해서요."
"나는 당신이 있어서 행복해요."
"나는 당신이 고통받고 있는 걸 알아요. 그래서 내가 여기 있는 거예요."
"사랑하는 사람이여. 나는 고통받고 있습니다. 도와주세요."

첫 번째, 두 번째 말은 각각 내가 상대를 위해 존재하며 상대는 나를 행복하게 해주는 존재라는 의미다. 세 번째는 상대의 고통을 덜어주겠다는 약속이고, 네 번째는 고통스러운 자신을 도와달라는 요청이다.

틱낫한은 이 문장들이 나와 상대는 물론 모든 것을 변화시키는 만트라(주문)라고 평했다. 사랑하고 싶고 행복하기를 원하면 서로 자주 주고받아야 한다. 그런데 위 네 가지 말 중에서 특별히 말하기 어려운 게 있다. 틱낫한은 네 번째 도움 요청이 "아주 단순하면서도 무척 어렵다"고 평했다.

왜 도움 요청이 무척 어려운 걸까. 자존심 때문이다. 자존심은 자신의 유약함을 인정하기 싫은 마음이다. 자존심 강한 사람은 도움 요청이 죽기보다 싫다. 그렇게 자존심이 걸림돌이 되면 사람들은 서로 도움을 청하지 않으며 사랑은 미완성 상태로 남게 된다. 틱낫한은 진정한 사랑을 이렇게 정의한다.

"당신이 그렇게 고통을 받을 때는, 사랑하는 사람에게로 가서 반드시 도움을 청해야 합니다. 그게 진정한 사랑이에요. 자존심이 당신을 떨어뜨려 놓게 허락하지 마세요. 자존심을 이겨내야 합니다. 필요할 때면 언제나 그 사람에게 가야만 하는 겁니다."

고통이 찾아오면 사랑하는 이에게 가서 도움을 청해야 한다. 이 단순한 원리는 가족, 부부, 연인, 친구 사이에 어김없이 적용되어야 한다.

좋은 관계가 행복의 필수 조건이다. 사랑하는 사람과 관계가 중요한데, 그런 관계는 말로써 만들어지고 유지 보수된다. 그런데 말은 어렵다. 도와달라는 말은 특히 어렵다. 우리는 인어공주와 달리 목소리가 있으면서도 사랑한다, 도와달라고 말하지 못한다. 말만 하면 도움받고 사랑을 받을 수 있는데, 우리는 그 대단한 자존심 때문에 사랑과 관계를 물거품으로 만들고 있다. 자존심을 버리면 이렇게 말할 수 있다.

"나는 고통받고 있어요. 나를 도와주세요."

이 한마디면 나는 고통에서 벗어날 수 있다. 고통 탈출 초능력이 발휘된다. 얼마나 대단하고 놀라운가.

─●━ 행복러의 넛지 ☺ ━━━━━━━━━━━━━━━━━━━━━━●─

틱낫한Thich Nhấnh 베트남 출신의 불교 지도자이자 평화운동가. 생전에 100권 이상의 책을 저술.

★ ☀ ☆

앞쪽의 "당신이 그렇게 고통을 받을 때는, …… 언제나 그 사람에게 가야만 하는 겁니다."는 《오늘도 두려움 없이》에서 인용했으며, 불가에서 음식을 나누며 암송하는 운문도 소개되어 있다.

"이 음식 안에서
나는 선명하게 본다
내 존재를 보살피는
전체 우주의 존재를"

깊이 보면 채소 잎 하나에서 햇빛, 구름, 땅, 노동이 보이고 공동체와 대자연과 우주를 느낄 수 있다고 한다. 평범한 우리로서는 신비하기 이를 데 없는 감각이다.

매트 헤이그

21

비교 지옥에서
벗어나는 법

~

나는 호박이나 양말이 아니라 고유한 존재다

영국의 작가 매트 헤이그에 따르면, 행복해지려면 아래 일곱 가지만 지키면 된다고 한다.

"남과 나 자신을 비교하지 않는다."
"남과 나 자신을 비교하지 않는다."
"남과 나 자신을 비교하지 않는다."
"남과 나 자신을 비교하지 않는다."
"남과 나 자신을 비교하지 않는다."
"남과 나 자신을 비교하지 않는다."
"남과 나 자신을 비교하지 않는다."

헤이그는 《불안의 밤에 고하는 말》에서 이렇게 같은 문장을 일곱 번이나 반복했다. 같은 말을 일곱 번 반복했다는 것은 '아무리 강조해도 지나치지 않다'는 뜻일 것이다. 남과 자신을 비교하지만 않으면 행복은 금세 찾아온다고 헤이그는 외친다.

사물의 크기는 비교 가능하다. 호박이나 양말 같은 사물은 크기도 색깔도 비교가 가능하다. 사람은 어떤가. 사람을 비교하는 건 불가능하다. 사람에게는 제각기 고유한 영혼이 있기 때문이다. 그런데 우리는 그 중요한 사실을 까맣게 잊고 자신을 호박이나 양말로 취급한다. 남보다 작거나 색깔이 예쁘지 않다고 생각하며 괴로워한다. 남과 비교할 때 우리는 호박이나 양말이 되어버린다.

사람의 특성을 수량화해서 비교할 수 있다는 환상에 빠지기 때문에 우리는 불행하다. 비교만 하지 않아도, 인류의 평균 행복 수준이 크게 올라갈 텐데 안타까운 일이다. 어떻게 하면 비교 지옥에서 벗어날 수 있을까? 가장 단순한 방법은 주문의 반복이다.

"남과 나를 비교하지 않는다."를 자주 되뇌어 보자. 금방 행복해진다. 하지만 단 몇십 분 정도밖에는 효과가 지속되지 않아서 문제다. 여기 오래 지속되게 하는 방법이 있다. 남과 비교할 수 없는 나만의 자부심 리스트를 만드는 것이다. 수량화도 계량화도 될 수 없는 자부심의 예는 이런 것들이다.

나는 남의 마음이 다치지 않게 배려한다.
나는 두려움이 적어 마음의 문을 열어둘 수 있다.

나는 남을 쉽게 판단하지 않으려 애쓴다.

나는 진정으로 사랑하는 사람들이 셋이나 된다.

나는 행복한 이유가 열 가지가 넘는다.

이 중에서도 아마 사랑하는 사람이 가장 중요할 것 같다. 정말로 사랑하는 사람의 얼굴을 떠올려 보자. 사랑하는 사람이 셋만 있어도 내 인생을 다른 인생과 바꾸고 싶지 않다. 나는 누구와도 비교할 수 없는 유일한 존재가 된다.

그렇게 유일무이한 존재로서의 자부심을 갖고 있으면, 그 어떤 부자나 미남미녀나 유명인이 부럽지 않다. 열등감도 느끼지 않는다. 조용하면서 옹골진 행복감을 누릴 수 있다.

행복러의 넛지 😊

매트 헤이그 Matt Haig 영국의 소설가이자 저널리스트로, 어린이와 성인을 위한 픽션과 논픽션 작품을 씀. 그의 작품은 세계 30개 언어로 번역되었다. 《미드나잇 라이브러리》《불안의 밤에 고하는 말》《크리스마스로 불리는 소년》 등을 저술.

★ ☀ ☆

헤이그의 다른 작품으로는 《위로의 책》이 있는데, 여기에 다음과 같은 라이너 마리아 릴케의 문장이 인용되어 있다.

"아름다움과 공포 등 모든 일이 당신에게 일어나게 하라. 계속 나아가면 된다. 최종적인 감정은 없으니까."

릴케에 따르면 어떤 일도 두려워할 이유가 없다. 극심한 공포의 감정도 영속적이지 않다. 아무리 고통스러워도 그 감정은 최종적이지 않고 바뀔 수밖에 없다. 어떤 일도 어떤 감정도 무서워 말고 용감하게 살라고 릴케가 응원한다.

22

수단이 아닌 목적이
존재 이유

∿

나에게는 절대적이고 본질적인 가치가 있다

사람을 수단으로 여기는 건 부도덕하다. 나의 경제적 이득을 위해 타인을 이용하는 것이 예다. 환자를 의학적 숙련도를 높이는 수단으로 여기는 것이나 어린이를 돈벌이의 수단으로 보거나 시민을 투표 기계로 취급하는 것 또한 부도덕하다. 모르는 이가 없을 것이다. 그렇다면 나는 나를 수단으로 취급해도 될까? 철학자 칸트는 이렇게 말했다.

"자기 자신이든 다른 어떤 사람이든, 인간을 결코 단순한 수단으로 다루지 말고, 언제나 한결같이 목적으로 다루도록 행동하라."

다른 사람만이 아니다. 자신도 목적이어야 하지 수단으로 다뤄서는 안 된다. 그러면 내가 나를 수단으로 여긴다는 건 어떤 것일까. 마이클 샌델은 자살을 예로 든다. 타살은 다른 사람을 수단으로 여긴다는 점이 명백하다. 경제적 이득이나 분노 감정 등을 해소하기 위해서 타인의 생명을 도구로 쓰는 악행이 타살이다. 자살도 역시 같다고 마이클 샌델은 지적한다. 자살은 고통에서 벗어나는 수단으로 나의 생명을 사용하는 행위여서 부도덕하다는 것이다.

언뜻 이해가 되질 않는다. 내가 소유한 나의 생명을 내 마음대로 쓰겠다는데, 도덕 부도덕의 잣대를 들이댈 수 있을까. 이렇게 까다로운 문제는 조금 비틀어 보면 힌트가 생긴다. 상황을 바꿔 생각해 보자. 내가 가장 사랑하는 사람들 즉 연인, 친구, 자녀가 삶의 고통을 핑계로 자기 생명을 없애기로 결정했다고 하자. 나는 어떻게 대응해야 할까?

그때도 생명은 본인의 소유물이므로 '그건 너의 권리다. 스스로 목숨을 끊어도 너는 부도덕하지 않다'고 말할 수 있을까. 내가 아니라 남의 일로 생각하면 답이 나온다. 그들의 자살 결심은 자신의 생명을 존중하고 보호할 의무를 저버리는 것이니 옳지 않다. 삶의 고통을 다른 방법으로 풀 수 있는데도 자기 생명을 회피의 수단으로 쓰기로 하는 건 어리석은 결심이다. 당연히 부도덕하다는 비난도 싸다. 그렇다면 나의 자살도 다르지 않다는 결론이 가능하다. 나의 자살도 나의 생명을 존중하지 않고 도구로 취급하기 때문에 부도덕한 것이다.

자신을 수단으로 삼는 다른 예도 많다. 의미 있는 목표를 추구하지 않고 자신을 오직 돈벌이 수단으로 여기는 사람이 세상에 많다. 사회적 성공이나 이득을 위해 거짓말을 하고 남을 속이며 협잡함으로써 자신의 인격을 훼손하는 이들도 적지 않다. 이런 경우 인격이 성공의 수단이다.

그러면 남을 기쁘게 하려는 과열된 열정을 가진 경우는 어떨까? 남을 기쁘게 하려고 나의 필요와 욕구를 희생한다면 그 또한 나쁜 자기 수단화의 예다. 다이어트도 같은 논리에서 나쁘다. 사회적인 인정과 사랑을 받기 위해 자기 몸을 학대하고 굶기는 것이니 나쁜 자기 수단화인 것이다.

나 또한 자기 수단화에 능하다. 예를 들어 사회적 수용을 얻기 위해 나의 원칙과 신념을 저버렸던 자기 무시의 경험이 많다. 또 비현실적인 목표를 위해 삶의 기쁨을 포기하는 완벽주의도 자신을 수단으로 삼기 때문에 잘못일 텐데, 이것도 나에게 낯설지 않은 일이다. 인간은 수단화할 수 없는 절대적 가치의 존재라는 건 누구나 인정하는 진리다. 샌델은 책에서 칸트의 인간관을 이렇게 정리한다.

"인간에게는 상대적 가치만 있는 것이 아니라, 절대적이고 본질적인 가치가 존재한다. 즉 이성적 존재로서 존엄성을 가진다."

나에게는 절대적이고 본질적인 가치가 있다. 나 자신마저도 부정할 수 없는 존엄성이 내게 있다. 재산, 외모, 지위, 평판과 무관한 존엄성이다. 절대적으로 가치 있는 존엄한 나를 목적으로 삼고 살아야 행복하다. 내가 원하는, 내가 꿈꾸는, 나에게 걸맞은 삶을 살 권리와 의무가 존엄한 나에게 있다. 어느 누구도 반대 못 할 그 절대 진리를 마음속에 간직하면 행복감이 가슴을 가득 채운다.

행복러의 넛지 ☺

마이클 샌델 Michael Sandel 미국의 현대 정치 철학의 대표적인 인물로 하버드대학교 교수. 《정의란 무엇인가》《공정하다는 착각》《돈으로 살 수 없는 것들》 등 저술.

★ ☀ ☆

샌델이 서민에게 훌륭한 조언이 될 수 있는 고백을 남긴 적이 있다. 2013년 4월 27일 영국 〈가디언〉과의 인터뷰에서 이렇게 말했다.

"삶의 필수적인 것들을 걱정하지 않아도 될 만큼 돈이 충분해서 행운이라고 생각합니다. 그 이상으로는 돈에 대해 가능한 한 생각하지 않으려고 노력합니다."

좋은 절충이다. 삶에 필수적인 돈만 있으면, 그 이상의 돈은 생각하지 않는다는 말이다. 자기 수단화를 최소화하면서 자기 가치를 최대한 지켜낼 합리적 절충이다.

나는 불행해지지
않으리라는 믿음

두려움이 나를 통과하도록 허용한다

　내일 사고를 당해서 평생 팔다리를 쓸 수 없게 될 거라고 가정해 보자. 그렇게 될 바에야 차라리 죽겠다고 말할 사람이 적지 않다. 사지를 못 쓰는 삶은 끔찍한 불행이라고 확신해서다. 정말 그럴까. 팔다리를 움직일 수 없으면 괴로움, 불안, 슬픔, 후회 속에서 평생 살아도 되는 건가. 불행한 사건이 우리를 죽음 이상의 불행에 빠뜨리는 게 가능한가.

　행운도 가정해 보자. 내일 200억 원의 복권에 당첨된다면 어떨까. 대개는 당장 내일부터 행복한 삶이 펼쳐질 거라고 굳게 믿는다. 그런데 정말 그럴까. 일확천금을 얻은 후에는 지속적으로 신남, 기쁨, 만족의 감정 속에서 여생을 보내게 될까? 미국 심리학자 조너선 하이트는 그렇지 않다고 말한다.

　우선 하이트가 내세우는 첫 번째 이유는 익숙해짐에 있다. 사람은 1년 정도 되면 다친 몸이나 200억 원 재산에 적응한다는 게 과학자들의 설명이라고 한다. 적응한다는 건 행복감 수준의 회복을 뜻한다. 사고 직후 급추락했던 행복감은 점차 오르고 복권 당첨 직후 급상승했던 행복감은 점차 내려간다. 물론 장애는 불편하고 부는 편리하다. 하지만 사람은 어떤 상황에서도 자신의 처지에 익숙해져 무뎌지기 마련이고, 요동치던 행복감의 수준은 본래의 성격에 맞게 회귀한다.

적응 말고도 또 다른 변수가 있다. 삶의 재구성 능력이다. 장애가 생긴 사람이나 졸부가 된 사람 모두 삶을 수정해서 새로운 목표, 기대, 희망을 설정하고, 그 속에서 희로애락을 느낀다. 다친 사람은 뜻대로 움직이는 손가락을 보며 말할 수 없는 희열을 맛보고, 갑부는 더 크고 화려한 옆집을 보며 깊은 고통에 빠져든다. 어떤 행불행을 맞더라도 고통만 받는 사람도 없고 기쁘기만한 사람도 없다. 누구도 희로애락 중 '희'와 '락'만 떼어서 가질 수 없다. 희로애락은 하나의 덩어리로 모든 인간의 가슴속에서 영원히 회오리치며, 삶을 끝없이 재구성한다.

온몸이 마비된 사람에게도 기쁨과 만족이, 200억을 쥔 사람에게도 슬픔과 고통은 있다. 우리는 생각보다 삶의 불행들을 훨씬 잘 견딘다. 물론 닥치기 전에는 겁을 낸다. 겁나는 이유는 고통이라는 감정의 강도와 지속성을 과장하기 때문이다. 가령 연인이나 친구들이 떠나면 외로움이 강하게 그리고 오랫동안 삶을 삼킬 거라고 믿는다. 부를 잃은 후에는 궁핍의 강력한 고통이 죽을 때까지 쫓아다닐 거라고 확신하게도 된다. 하지만 극단적인 경우가 아니라면 삶은 그렇게 가혹하지 않다.

우리 자신은 그렇게 무력하지 않다. 인간 세포 속에는 적응과 삶의 재구성 능력이 숨어 있다. 그러니 너무 겁내지 말자. 불행해져도 괜찮다. 까짓 어떤 불행도 기꺼이 포용할 각오를 하면 불행감이 온데간데없어진다. 비슷한 맥락의 메시지를 《회복 탄력성》의 저자 김주환 교수도 말했다. 그에 따르면 뿌리 깊은 삶의 두려움을 없애는 방법이 있다.

> "나의 삶이 어떻게 전개되든, 나에게 어떠한 삶의 조건이 주어지든 늘 만족할 수 있다는 오유지족의 상태가 되면 마음에 걸리는 것이 없어지고 따라서 두려움도 사라진다."

오유지족吾唯知足은 오직 나에게 만족하는 마음이다. 어떤 두려운 일이 내 삶을 꺾어도 만족하고야 말겠다는 결의는 비장해서 생각만 해도 가슴이 떨린다. 그렇게 두려움에 맞서는 비장한 결의는 프랭크 허버트의 《듄》에도 나온다.

> "나는 두려해서는 안 된다. 두려움은 마음을 죽인다. 두려움은 완전한 소멸을 가져오는 작은 죽음이다. 나는 나의 두려움을 직시할 테다. 두려움이 나를 넘고 나를 통과하도록 놔둘 것이다. 두려움이 지나가면 내면의 눈으로 그 길을 보리라. 두려움이 사

라진 곳에는 아무 것도 남지 않는다. 오직 나만 남을 것이다."

사람은 두려움 속에 산다. 가난해지고 병들고 무력해질까 두렵다. 이런 두려움이 불행감의 밑거름인 것은 분명하다. 삶의 두려움을 어떻게 견딜 수 있을까. 어떤 일이 닥쳐도 나는 불행해지지 않으리라는 믿음이 긴요하다. 불행이 나를 뚫고 통과해도 나는 굳건히 남아 있을 거라는 확신이 우리를 살린다.

행복러의 넛지 :)

프랭크 허버트 Frank Herbert 미국의 과학 소설 작가. 최고의 스페이스 오페라로 평가받는 《듄》을 저술.

★ ☀ ☆

사지마비 환자나 복권 당첨 벼락부자의 행불행을 비교한 미국의 사회심리학자 조너선 하이트는 우리에게 용기를 준다. 어떤 불행도 이겨낼 수 있으니 겁먹지 말라고 일러준다. 그의 다른 책 《바른 마음》에는 모든 역경을 이겨내고 사회적 성공을 거둔 헨리 포드의 이야기가 소개되어 있다.

"성공의 비밀이 있다면, 그것은 남의 관점을 이해하고, 자기 관점뿐 아니라 남의 관점에서도 사물을 보는 능력이다."

24

흔들리지 않는
밝고 강한 마음

우리가 부랑자거나 죄인이더라도 모두 숭고한 존재다

아주 인상 깊은 내면의 성장에 대한 글을 읽었다.

"우리가 인생에서 궁극적으로 도달해야 하는 건, 밖에서 무슨 일이 벌어지든 강하고 밝게 살아가야 함을 아는 것, 그와 같은 내면의 성장이다."

미국 심리학자 웨인 다이어는 《인생의 태도》에서 외적 성장은 두 번째 혹은 세 번째 목표라고 말한다. 내적 성장이 삶의 최우선 목표인데, 내적 성장의 요체는 어떤 조건에서도 강하고 밝게 사는 것이다. 반대로 약하고 어두운 삶은 불행하다. 너른 집과 화려한 외모와 높은 지위를 가졌더라도, 작은 충격에도 마음이 달걀 껍데기처럼 쉽게 부서지고 희망의 빛이 꺼져버리면 그게 불행이다.

마음은 쉽게 깨지고 어두워진다. 그럴 때마다 포기하지 않고 다짐한다. '마음을 다시 강하고 밝게 만들자'라고 말이다. 또 스스로를 다독인다. "내가 약해지고 어두워질 이유가 있나? 왜 그래야 하지?" 이렇게 혼잣말을 하고 나면 훨씬 낫다. 기운이 생기고 희망도 보이며 자부심도 슬쩍 느껴진다. 웨인 다이어가 내면의 성장 말고도 강조한 게 또 있다. 자신을 귀하고 숭고하게 여겨야 한다는 것이다.

> "당신이 누구인지, 어디에 있든지, 어떤 삶을 살고 있든지(멋진 단독주택에 살고 있든, 감옥에 있든, 부랑자든) 상관없습니다. 우리는 모두 성스러운 존재입니다. 성스럽고 완벽한 우주의 일부죠. 이런 사실을 마음속에 간직하면 실제로 인생에서 극적인 변화가 일어납니다."

다소 급진적인 말이다. 감옥의 죄수와 노숙인마저도 숭고하다니! 그렇게 믿기 시작하면 인생의 기적이 일어난다는 게 웨인 다이어의 논리다. 찬찬히 생각해 보면 수긍할 수 있는 말이다. 자신이 숭고하다고 믿는 사람은 보복이나 자기 파괴의 길을 가지 않고, 대신 사랑의 길을 찾게 된다. 그런 사람은 지금 죄수라고 해도 다시 문제를 일으키지 않는다.

자신을 귀하고 숭고한 존재라고 믿는 건 나쁠 게 없으니, 믿어보자. 나는 드높고 소중한 사람이다. 가치 있는 사람이다! 그렇게 생각할 때, 우리는 더욱 선량하고 행복한 사람이 될 게 분명하다. 그

뿐만 아니다. 외부의 조롱과 평가에 흔들리지 않고 밝고 강한 마음을 유지하는 것도 가능하다.

"어떤 상황에서도 마음이 밝고 단단한 내면을 갖는다."
"나 자신이 얼마나 숭고한지 절대 잊지 않는다."

이 두 가지 목표만 가슴에 품고 있어도, 우리는 전혀 다른 차원의 사람이 된다.

웨인 다이어 Wayne Walter Dyer 미국의 심리학자로 뉴욕세인트존스대학교 교수이자 세계적으로 존경받는 영적 멘토. 《행복한 이기주의자》 《인생의 태도》 등을 저술.

불행의 유전을 막는
고마운 존재

나에게는 누구든지 도울 수 있는 기적 같은 힘이 있다

부모의 사업이 회복 불가능한 정도로 완전히 실패했다. 아이들은 장난감이나 옷을 마음껏 살 수도 학원에 다니기도 어려웠다. 아버지는 가족의 불행을 지켜보다가 자기혐오에 빠진다. 스스로를 미워하고 운명을 원망하다가 엇나가기 시작했고 급기야 가족들에게 행패를 부린다. 집안이 조용할 날이 하루도 없다. 아이들도 결국 비뚤어지고 만다. 가족들은 모두 궁핍과 불행에서 헤어나지 못했다.

세상 사람들이 자기 이야기가 될까 봐 무서워하는 이 이야기에서 자녀가 맞닥뜨린 불행의 진정한 원인은 무엇일까? 부모의 사업 실패와 그에 따른 가난일까? 아니다. 아버지의 행패가 자녀의 인생을 망쳤을 가능성이 높다.

불행의 유전에 대한 기념비적 연구가 있다. 미국 심리학자 에미

워너가 1950년대 하와이 카우아이에서 태어난 아이들 수백 명의 성장 과정을 추적해서, 가족의 불행이 어떻게 유전되거나 차단되는지 밝혔다. 관찰 대상이 된 아이들은 그야말로 비참한 환경에서 태어나고 자랐다. 대부분 무척 가난했다. 부모 중 적지 않은 수가 정신적 질환이 있거나 알코올 중독자였다. 그리고 학력이 낮고 돈벌이가 없는 부모가 많았다.

그렇게 불우한 환경에서 자란 아이의 3분의 2는 밝게 성장하지 못했다. 낮은 학교 성적, 취업 실패, 약물 남용, 미혼 출산 등이 족쇄가 되어 아이들을 괴롭혔다. 부모의 불행이 그대로 자녀들에게 유전되었던 것이다. 하지만 나머지 3분의 1의 아이들의 삶은 달랐다. 불행하지 않고 아주 행복했다. 학교에서 성적이 나쁘지 않았다. 마흔 살에 단 한 명도 실직 상태가 아니었다. 경제적으로 안정된 가정에서 자란 아이들만큼이나 교육과 직업의 성취도가 높았던 것이다. 또 마음도 반듯하고 평화로웠다. 그들은 자신감이 강하고 타인을 보살피는 어른으로 성장했다. 현실적인 목표를 세웠고 사회생활도 원만했으며 법적 문제를 겪은 이도 없었다.

아이들을 반듯하게 자라도록 만든 힘은 뭘까? 여러 조건 중에서 가장 중요한 것은 고마운 사람의 존재이다. 바르게 자란 아이들에게는 고마운 사람이 적어도 한 명은 있었다. 그 고마운 사람의 조건은 첫 번째 본인이 정서적으로 안정되어 있고, 두 번째 아이의 필요에 민감하며, 세 번째 아이를 이해해 주고 사랑해 주는 것이다. 그런 사람이 주위에 한 명이라도 있으면 아이가 반듯하게 자랄 확률이 매우 높았다. 꼭 부모일 필요는 없다. 조부모, 손위 형제, 고모, 이모, 삼촌 중 누구라도 된다. 자신의 마음이 안정적이고, 아이의 필요에 민감하고, 진심으로 아이를 이해해 주면, 최악의 상황에서 자라는 아이마저도 행복해질 수 있다. 불행의 유전에서 그 아이를 보호할 수 있다.

무능하고 무력한 사람도 남에게 줄 것은 남아 있다. 가난할 뿐 아니라 정신 질환과 알코올 중독으로 시달리는 부모를 두고서도, 반듯하게 자란 하와이의 아이들을 보라. 사랑과 이해, 관심은 모두의 마음 깊이에 있는 보석이요 빛이다. 이를 활용해서 사랑하는 사람에게 선한 영향을 끼칠 수 있다. 재산이나 지위나 학식과 무관하게 어떤 상황에서도 곁에 있는 사람을 행복하게 해줄 힘이 남는다니 놀라울 뿐이다.

이토록 기적 같은 일이 벌어지려면 노력이 필요하다. 나의 자녀와 가족, 친구를 위해서는 우선 내 마음이 안정되어야 한다. 불안, 슬픔, 괴로움을 겪더라도 곧 넘어서는 건강한 마음을 가져야 한다. 또한 사랑하는 사람에게 무엇이 필요한지, 그들이 무엇을 원하는지 유심히 살펴야 한다. 그다음 위로하고 같이 웃어주고 껴안아주면 된다. 마지막으로 이해하고 사랑해 준다. 물론 평가나 비판도 필요하겠지만 이해와 사랑이 충분히 깊어지는 게 먼저다.

그렇게 하면 우리는 자녀, 친구, 연인의 소중한 존재가 되어서, 알코올 중독 부모를 둔 불우한 누군가마저도 행복하도록 도와주고 그 보상으로 나 자신도 행복할 수 있다. 우리 모두는 정말로 놀라운 위로의 존재다.

행복러의 넛지 (◡‿◡)

에미 워너 Emmy Werner 미국의 발달 심리학자. 어린이의 위험과 회복력에 대한 연구로 유명. 《Journeys from Childhood to Midlife》 등 저술.

★ ☀ ☆

미국 심리학자 애덤 그랜트와 페이스북 최고 운영책임자 셰릴 샌드버그(Sheryl Sandberg)가 함께 쓴 《옵션 B》에서 제시한 의견도 이채롭다. 불행한 환경에서도 반듯하게 자란 아이들은 "자신이 자기 운명의 주인이라고 생각했다."라고 말한다.

이 아이들은 가족에게서 억압이나 강요를 받지 않았다. 아이들은 자율적 선택을 경험하면서 바르고 건강하게 자랄 수 있었다. 아이를 기르는 부모가 곰곰이 생각해 봐야 할 문제이다.

행복한 가정의 필수 요건

모든 행복한 가정은 비슷한 이유로 행복하다

이솝 우화에 나오는 이야기를 소개해 보겠다. 결혼을 하게 된 제우스가 권세를 자랑하고 싶었는지 동물들을 하나도 빠짐없이 결혼식에 초대했다. 동물들은 제우스의 명을 어길 수 없어 만사를 제치고 참석했는데, 딱 하나가 보이지 않았다. 거북이었다. 참석하거나 말거나 거북의 자유일 텐데, 오만한 제우스가 성질을 못 이기고 따져 물었다.

"너는 왜 내 결혼식에 오지 않았니?"
"집이 좋아서요. 집에 있는 게 최고잖아요."

눈치 없고 선한 거북은 꾸밈없이 답했다. 화가 난 제우스는 요술을 부려서 거북이 언제나 자기 집을 짊어지고 다니도록 저주를 내렸다. 그런데 정말 저주일까, 아니면 축복일까? 거북은 더 행복했을지 모른다. 좋아하는 집에 언제든 쏙 들어갈 수 있으니 더 기쁘지 않았을까?

집은 아주 행복한 장소다. 거북도 그렇지만 사람에게도 그렇다. 집에 가까워지면 이상하게 기분이 좋아진다. 내가 사는 아파트 단지는 멀리서도 반갑다. 엘리베이터에서는 가벼운 조바심이 생기고 현관문을 열 때는 손가락이 나도 모르게 속도를 낸다. 빨리 들어가고 싶은 것이다. 집에 들어가는 일은 맛있는 음식을 입에 넣거나, 사랑받거나, 반가운 사람을 만나는 것만큼 기쁜 일이다.

사람은 왜 그렇게 집을 좋아할까. 그 이유를 영국 신경과학자 딘 버넷이 《행복할 때 뇌 속에서 일어나는 모든 것》에서 과학적으로 설명했다. 딘 버넷에 따르면 사람은 집에 들어가면 마음부터 편안해진다. 뇌가 위협이나 위험 요소를 지속적으로 스캔할 필요가 없기 때문이다. 집이 안전하고 안정적인 장소니까 뇌는 비상 상태에서 휴식 상태로 전환되고 마음이 평화를 찾는다. 집에서는 몸도 기쁨을 누린다. 생물학적 존속의 조건인 수면, 온기, 음식 등을 집 공간이 제공해 준다. 딘 버넷의 설명대로 집은 마음과 몸의 안식처이기 때문에, 집에 들어서는 우리는 굴에 들어가는 토끼처럼 편안하고 기쁜 것이다.

그러니까 고맙게도 집이 소리 없이 우리를 사랑하고 보호한다. 피로한 몸과 비참한 기분을 달래주고 편안하게 안아준다. 그러니 집이 있다는 게 얼마나 기쁘고 고마운 일인가. 서향이어서 저녁에야 햇빛이 들고, 협소하고 낡아서 불편해도 내 집은 행복이 가장 쉽게 꽃피는 곳이다. 웬만하면 집은 있게 마련이니 우리 모두 행복할 조건을 인생의 디폴트로 갖추고 있는 것이다.

그런데 모든 사람에게 그런 것은 아니다. 집이나 가정이 행복한 낙원이 아니라 불행한 지옥 같은 사람도 더러 있다. 특히 동거하는 가족들 때문인 경우가 많다. 이 일을 어쩌면 좋을까. 톨스토이가 도움을 줄 수 있다. 톨스토이가 쓴 《안나 카레니나》의 첫 문장은 유명하다.

"행복한 가정은 서로 비슷하지만, 불행한 가정은 모두 저마다의 이유로 불행하다."

읽자마자 고개가 끄덕여지지만 곰곰이 생각해 보면 어려운 내용이다. 단순한 이야기 같은데 생각할수록 의미가 난해하고 복잡하다. 여러 가지 해석이 가능하겠지만, 아마도 톨스토이는 행복한 가정에는 필수 요건이 있다고 말하는 것 같다. 가정이 행복하려면 꼭 필요한 게 뭘까. 돈과 지위 같은 외부의 자원은 행복을 보증하지 못한다. 오히려 가족들의 다툼을 유발할 수 있다. 내면의 선한 정신이 조금이라도 있으면 가정의 행복이 보증된다. 이를테면 사랑, 존중, 이해가 있다면 재산이나 지위와 무관하게 그 가정은 행복하다. 작은 갈등이 일어나도 곧 화해할 수 있고 오해도 쉽게 풀린다. 결국 행복한 가정은 사랑, 존중, 이해가 뼈대를 이루고 있다는 점에서 모두 비슷하다.

반면 불행한 가정의 불행 사유는 수도 없이 많다. 사랑과 존중이 없으니 작은 이유들 때문에도 휘청거리게 된다. 이를테면 시기, 갈등, 돈 욕심, 실직, 질병, 무시, 대화 단절 등을 비롯해 수백 가지의 이유 중 하나만 불거져도 금방 큰 불행에 빠진다. 그러니 불행한 가정은 저마다 각양각색의 이유로 불행한 것이다.

몇 가지 필수 요건만 충족시키면 우리는 행복한 가정을 가질 수 있다. 예를 들면 앞서 말한 사랑과 존중과 이해가 그 열쇠다. 동거인을 사랑하고 존중하고 이해하자. 그들을 위한 길이기도 하지만 집과 가정을 안온하게 만들어 나의 행복을 급격히 증진하는 길이기도 하다.

행복러의 넛지 ☺

레프 니콜라예비치 톨스토이 Lev Nikolayevich Tolstoy 19세기 러시아를 대표하는 작가. 《전쟁과 평화》《이반 일리치의 죽음》《부활》 등을 저술.

★ ☀ ☆

2018년 4월 28일 〈가디언〉에서 딘 버넷은 행복에 관해 다음과 같이 말했다.

"행복을 반드시 가져야 하며 갖지 못하면 실패자라는 현재의 문화적 인식은 무용지물이라고 생각합니다. 행복이 인간 뇌의 기본 상태여서는 안 됩니다. 항상 행복하기만 하다면 우리가 왜 일을 하겠어요? 행복은 일을 하게 만들고 인생을 살도록 동기부여를 해주어야 합니다."

역설적으로 우리는 항상 행복할 수 없어서 축복받은 것이다. 만일 항상 행복하다면 사람이 애쓰면서 살아갈 이유가 사라진다. 모든 인류가 집 소파에 누워서 헤헤거리며 평생을 보내리라. 불행해서 행복하다니, 아무튼 뇌가 가끔 불행해진다는 건 얼마나 다행인가.

3장

나쁜 습관과
이별하는 행복

내 화초는 내 화분에

더는 남의 머릿속에서 내 행복을 찾지 않는다

노여움은 파괴적인 감정이다. 노여움을 다스리지 못하면 관계와 삶이 모두 깨지고 만다. 푸시킨은 이렇게 조언했다.

> "삶이 그대를 속일지라도 슬퍼하거나 노여워 말라. 슬픈 날을 견디면 기쁨의 날이 오리니."

누구나 수긍할 삶의 진리다. 하지만 노여움을 참는 게 말처럼 쉽지는 않다. 실은 푸시킨 본인도 노여움을 참지 못해서 비극적 최후를 맞았다.

1837년 푸시킨은 목숨을 건 결투에 나섰다. 상대는 프랑스군 장교 단테스. 시중에는 아름답기로 유명한 푸시킨의 아내가 단테스와 바람을 피운다는 소문이 돌았다. 격분한 푸시킨은 루머의 진원을 제거하기로 결심하고 결투를 신청했다. 선택된 결투 방법은 장벽 결투였다. 결투 장소 바닥에 일정한 거리의 선을 두 개 긋는다. 그 선은 넘어갈 수 없는 장벽 역할을 한다. 멀리 떨어져 있던 결투자들은 각자의 선을 향해 점점 다가가다가 아무나 먼저 총을 쏠 수 있다. 하지만 지켜야 할 신사의 규칙이 있다. 먼저 총을 쏜 사람은 상대가 총을 쏠 때까지 가만히 기다려야 한다.

군인인 단테스가 결투에서 압도적으로 우위였다. 그가 쏜 총탄은 푸시킨의 하복부에 명중했다. 쓰러진 푸시킨은 무척 아팠지만 분노를 동력 삼아서 겨우 반격했는데 단테스의 오른팔에 경상만 입혔을 뿐이다. 이틀 후 위대한 시인 푸시킨은 서른일곱의 젊은 나이에 사랑하는 아내와 네 아이를 두고 복막염으로 숨졌다.

노여움을 다스렸다면 푸시킨은 좀 더 살 수 있었다. 하지만 그가 분노 조절 능력이 미약해서 죽었다고 정리하면 맞는 말이면서도 표피적이다. 분노의 원천이 있었다. 그것은 다른 사람의 마음이다. 푸시킨은 타인의 마음에 너무 신경을 썼고 그 마음들을 수정해야 자신이 행복할 수 있다고 믿었다. 즉 아내가 바람났다는 그 루머가 사람들 마음에 자라는 걸 견딜 수 없었다.

주변 사람들의 마음을 바꾸려고 그가 선택한 것은 설득이나 기다림이 아니라 폭력이었다. 폭력이 대개 그렇다. 노여운 폭력을 행사하는 이들의 최종 목표는 단순히 누군가의 육신을 깨뜨리는 데 있지 않다. 폭력 피해 당사자와 현장 목격자의 마음을 원하는 대로 조형

하는 것이 노여운 폭력의 심층 목표다. 푸시킨도 그래서 폭력을 택했다. 단테스를 없앤 후에는 구경꾼들의 마음에서 루머를 지울 수 있을 테고 그럴 때 자신은 다시 행복해질 수 있다고 믿었던 것이다.

그렇게 보면 푸시킨은 지극히 의존적인 사람이다. 타인의 마음에 자신의 행복을 기대고 있다. 남이 뭐라 하든 신경을 껐다면 아내와 기쁘게 살 수 있었다. 그러나 푸시킨은 자기 마음보다 타인의 마음이 더 중요했다. 다른 사람의 평가가 절대로 중요했기에 그 평가를 수정하기 위해 목숨을 던졌던 것이다. 다름 아니라 평판 중독이 그를 죽였다.

다음은 스위스 출신 작가 알랭 드 보통이 《불안》에서 소개한 내용이다. 1834년 함부르크에서는 두 명의 젊은 군 장교가 결투를 벌였는데, 한 장교가 다른 이의 콧수염이 가늘고 흐느적거린다고 놀리는 시를 쓴 것이 발단이었다. 칼을 들고 싸운 두 명 모두 결투에서 생명을 잃었다. 1702년 피렌체에서는 한 문인이 단테를 이해하지 못한다고 비난한 사촌에게 결투를 신청해 목숨을 빼앗는 일이 있었다. 또 1678년 파리에서는 한 남자가 자신의 아파트를 꾸민 취향이 형편없다고 비난하자 그에게 결투를 신청해 생명을 앗았다. 알랭 드 보통에 따르면 결투 관행으로 수십만 명의 유럽인들이 생명을 잃었다고 한다. 결투에 나선 많은 이들이 공유하던 심리적 속성이 있다. 그것은 자기 이미지를 타인에게 전적으로 의존한다는 것이다.

"결투하는 사람은 다른 사람들이 자신을 어떻게 생각하느냐에 맞추어 자신을 바라본다. 주위 사람들이 악하거나 수치스럽다고, 겁쟁이거나 실패자라고, 바보이거나 나약한 사람이라고 생각하면 자신의 눈에도 자신이 마음에 들지 않는다."

타인의 생각을 자기 평가의 준거로 삼으면 걸인이 된다. 어쩌면 SNS 시대 우리도 비슷할지 모른다. 자신의 내적 허기를 채우려는 경험이라면 모르겠지만, 타인의 박수 동냥을 원해서 다른 사람이 좋아할 만한 여행이나 음식 사진을 찍어 올린다면 어떨까? 마음에 행복이 가득 찰까, 아니면 마음 한쪽이 공허할까. 어떡해야 진실로 행복할 수 있을까? 《불안》에 소개된 쇼펜하우어의 경구가 도움이 된다.

"다른 사람들의 머리는 진정한 행복이 자리를 잡기에는 너무 초라한 곳이다."

내가 가장 아끼는 화초를 남의 화분에 키우지는 않는다. 나의 행복도 남에게서 자라게 할 수 없다. 섬세한 사람은 자신이 남의 머릿속을 훔쳐보는 걸 민감하게 자각할 수 있다. 그리고 시선을 돌릴 것이다. 행복의 최적 서식지는 나를 긍정하는 나의 마음이다.

알렉산드르 세르게예비치 푸시킨 Aleksandr Sergeevich Pushkin 러시아의 대문호로 국민 시인이라는 수식어가 붙는 인물. 《삶이 그대를 속일지라도》《눈보라》 등을 저술.

★ ☀ ☆

알랭 드 보통의 다른 책 《여행의 기술》은 니체의 행복에 대해 이야기하고 있다. 책에 따르면 삶이 불우했던 철학자 니체는 오래된 건물을 바라보면서 자기 긍정의 행복을 느꼈다고 한다.

"그는 오래된 건물들을 보며 '자신이 완전히 우연적이고 자의적인 존재가 아니라, 과거로부터의 상속자이자 꽃이자 열매로서 성장해왔으며, 따라서 자신의 존재는 용서받을 수 있고 또 정당화될 수 있다는 것을 알고 행복'을 느끼게 된다."

28

생각의 브레이크

나쁜 사람을 미워한다고 행복해지지 않는다

우리 주변에는 짜증스러운 사람들이 많다. 거짓말하고 비겁하게 굴고 속임수 쓰는 그들은 나쁘다. 또 사악한 정치 집단을 지지하는 이웃, 권모술수를 쓰는 경쟁자도 못됐다. 그들이 세상에서 없어지면 얼마나 행복할까. 그러나 없어질 수도 없고, 없애려고 시도해서도 안 된다. 나쁜 자들을 제거할 수도 없고 내가 다른 곳으로 갈 수도 없다면, 자기 성찰적인 대응법만 남는다. 내 고통의 원인을 나에게서 찾는 것이다. 그렇게 하면 고통의 일부나마 내 마음의 용광로에서 녹여버릴 수 있다. 이런 방책은 비겁해 보일지 모르나 실은 스토아 철학의 정신처럼 지혜로우며 자기중심주의에서 벗어난 객관적인 대응이다.

첫째, 질문을 해보자. 악한은 정말로 존재하는가? 미국의 정신의

학자 데이비드 번즈가 《관계 수업》에서 했던 말에 따르면, 우리가 확신하는 그 악한들은 '정신적인 허상'일지 모른다.

> "예를 들어 내가 짜증스런 사람을 인간쓰레기로 여기면서 그렇게 대한다고 가정해 보자. 당연히 그는 화를 내면서 정말 인간쓰레기처럼 행동할 것이 분명하다. 그러면 나는 내 최초 판단이 맞았고 그는 진짜 쓰레기라고 믿게 될 것이다."

시작은 나의 판단이었다. 내가 누군가를 인간쓰레기라고 낙인찍고 그렇게 대하면, 상대는 정말 인간쓰레기처럼 행동할 가능성이 높다. 만일 반대로 좋은 사람으로 대해주면 그는 바른 행동을 할 것이고, 내 머릿속에 그는 좋은 사람으로 기억될 것이다. 항상 그런 것은 아니지만 자주 그렇다. 우리가 누군가를 미워하면, 그 사람이 나쁜 사람으로 보이는 것이다.

나쁜 사람은 대부분 '정신적인 허상'일 뿐이다. 나의 정신이 만든 피조물이다. 즉 악한은 실제로 존재하지 않을 때가 많다. 내가 그렇게 믿을 뿐이다. 저 나쁜 사람이 실제로는 나쁜 사람이 아닐 거라고 생각해 보자. 그렇게 생각하면, 미움이 내 마음속에서 일부 녹는다. 분노도 사라진다. 내가 행복해진다. 나쁜 사람 중 상당수는 내가 만든다. 그렇게 믿자. 나를 위한 다짐이다.

다음 두 번째 쟁점으로 넘어가 보자. 우리는 나쁜 사람 때문에 스트레스를 받는다고 믿는다. 그들이 성가시고 괴롭게 만든다고 하소연한다. 그런데 우리가 모르는 게 있다. 우리는 나쁜 자들에게서 달콤하고 좋은 느낌도 갖게 된다. 예를 들면 우월감이다. 역시《관계수업》에 나오는 글귀이다.

"우리는 분노와 짜증의 대상자를 경멸하면서 쾌감을 느낀다.
아울러 도덕적인 우월감도 맛보게 된다."

사실은 도덕적 우월감만이 아니다. 친구를 미련하다고 조롱할 때는 지적 우월감이 가슴에서 샘솟는다. 타인을 불성실하다고 혹평할 때는 자신의 성실성에 대한 자부심을 느낀다. 우리는 나쁘거나 저열한 집단을 비난하면서 마음 저 밑바닥에서는 아주 행복해진다.

악한 짓을 저지른 정치인이나 어리석은 행동을 한 연예인을 비난하는 뉴스가 왜 인기가 높을까. 같은 맥락이다. 뉴스와 댓글을 읽으면서 세상 사람들은 도덕과 지성과 성품의 우월성을 만끽한다. 언론에 등장하는 나쁜 사람들은 우리에게 분노와 짜증뿐 아니라 달콤한 행복감도 선물한다.

세상에는 미움받아야 할 나쁜 사람이 분명 존재한다. 하지만 생각의 브레이크가 필요하다. 내가 누군가를 미워할 때 실제 존재를 미워하는지, 아니면 내가 만든 허상을 미워하는지 예민하게 성찰하는 게 좋다. 또 우월감, 쾌감, 행복감이 비난의 숨은 목적은 아닌지 경계해야 한다. 그렇게 브레이크를 걸고 성찰하다 보면, 나쁜 자들에게서 행복감을 채취하는 나쁜 습성에서 벗어나게 된다.

행복러의 넛지 ☺

데이비드 D. 번즈 David D. Burns 미국의 정신과 의사이며 스탠퍼드대학교 의과대학 정신과학과 명예 부교수. 《필링 굿》《필링 그레이트》 등을 저술.

★ ☀ ☆

이 밖에 《관계 수업》에서는 좋은 대화의 세 가지 요건도 제시한다. 공감, 표현, 존중이다. 상대의 입장에 공감하며 귀 기울여 잘 들어야 한다. 하지만 듣기만 해서는 안 된다. 자신의 감정과 생각을 분명하게 표현하는 것도 무척 중요하다. 그리고 언쟁이나 불일치가 있어도 상대에 대한 존중의 태도를 지켜야 한다.

데이비드 A. 샤피로

29

자신에게
무신경한 행복

～

자기 몰입보다 자신에게 무관심해야 행복하다

웅덩이에 비친 자기 얼굴에 몰입하는 가젤은 사자의 먹이가 된다. 자신에게 지나치게 몰입하는 사람은 불행감의 먹이가 되기 쉽다. 《어린 왕자》에도 자기 몰입 습관이 지나친 사람들이 많다. 어린 왕자는 자기 별을 떠나 지구에 오기까지 여러 별에서 그런 사람들을 만났다. 어떤 왕은 신비한 능력의 소유자였다. 신하도 백성도 없는 혈혈단신인 왕이 내리는 명령은 모두 빠짐없이 이루어졌다. 그런 일이 가능한 까닭은 이뤄질 수밖에 없는 명령을 내리기 때문이다. 예를 들어서 해 질 녘이 되면 왕은 태양에게 명령한다. "이제 저물어라."

다른 별에는 허영심에 절은 사람이 사는데 남들의 칭찬과 부러움을 절절히 원한다. 자신의 구멍 난 마음을 메우는 데 꼭 필요해서다. 또 다른 별의 술주정뱅이는 술만 마시는 게 부끄럽다. 그는 술마시는 게 부끄러워 매일 술을 마신다. 가로등 관리인이 사는 별도 있었다. 매일 밤 어두워지면 가로등을 밝히는 게 그가 맡은 일이다.

《어린 왕자》의 화자는 다른 사람들은 다 이상한데 가로등 관리인만 이상하지 않다고 평가한다. 왜냐하면 '그 사람만이 자기 자신이 아닌 다른 것에 열중하기 때문'이다. 정말 그렇다. 자기 자신에게만 열중하면 이상한 사람이 된다. 왕 같은 권력자들은 자기 권력이 안전한지 매일 걱정한다. 허영심에 찌든 사람은 자기 모습이 멋있는지에만 고민한다. 또 술주정뱅이는 매일 자신의 고민 속에 빠져서 술을 마신다.

자기에게만 열중하는 것은 우물을 깊이 파는 것과 같다. 우물을 깊이 팔수록 고립되고 어두워져 몸과 정신 건강에 해롭다. 건강하고 싶다면 자신의 우물에서 걸어 나와 햇빛 아래에서 타인과 어울리지 않으면 안 된다. 프랑스 출신 승려 마티유 리카르는《행복, 하다》에서 이렇게 말한다.

"자신에게 완전히 빠져 있을 때 우리는 약해져서 혼란, 무기력, 불안의 쉬운 먹이가 된다."

나에게 흡수되면 나만 보인다. 나의 불행만 크다고 확신하게 된다. 그래서 "왜 나만……"이라며 한탄하게 되고, 힘 빠지고 서글퍼진다. 자신에게 빠져 있으면 힘이 빠진다. 자신에게서 빠져나와야 튼튼해진다. 미국 작가 데이비드 샤피로도 비슷한 주장을 했다.

"자신을 믿고 존중하는 사람들은 자존감보다는 자기 무관심이 특징이다."

자신에게 무관심해야 자신감과 자기 존중감이 높다는 건 기막힌 역설이다. 반대로 자기 관심이 지나치면 병이 든다. 가령 자격지심은 자기 모습에 너무 신경 쓸 때 생기는 증세이고 자기 연민은 자신의 불행에만 집중하는 심리의 결과이다. 가끔 무관심해야 내가 더 독립적이고 씩씩해진다. 내가 좌절하든 눈물을 펑펑 쏟든 모른 척하는 거다. "조금 있으면 괜찮아지겠지" 하면서 기다린다. 나는 정말 괜찮아지는 때가 많았다.

● 행복러의 넛지 ☺

데이비드 A. 샤피로 David A. Shapiro 미국의 스탠드업 코미디 작가이자 교육 디렉터. 리처드 J. 라이더와 《무엇이 나를 행복하게 만드는가》를 공동 저술.

★ ☀ ☆

《행복, 하다》에는 이탈리아 유전학자 루이기 루카 카발리 스포르차의 뜻깊은 행복론 문장도 소개되어 있다.

"행복은 저절로 찾아오지 않는다. 행복은 행운이 주는 선물이 아니며 운이 나빠서 잃는 것도 아니다. 행복은 오로지 우리에게만 달려 있다. 누구도 하룻밤 사이에 행복해지지 않는다. 대신 매일매일 인내심을 갖고 노력해야 한다. 행복은 만드는 것이며 그러려면 노력과 시간이 필요하다. 행복하기 위해서 우리는 자신을 변화시키는 방법을 배워야만 한다."

끝나야 끝인 줄 아는
우리네 인생

소중한 사람은 모두 한시적인 선물일 뿐이다

평범한 미국의 가정이었고 특별할 게 없는 저녁 시간이었다. 부부는 간단한 저녁을 먹은 후 TV를 봤다. 남편은 속이 좋지 않다면서 제산제를 먹고 일찍 자겠다고 했다. 아내는 먼저 자라면서 불편한 속이 빨리 나아지길 바란다고 인사했다.

얼마 후 아내가 침실로 가서 살펴보니 남편은 속이 괜찮아졌는지 깊이 잠이 들어 있었다. 다시 평범한 아침이 왔고 아내는 일어나 남편을 봤다. 그런데 전혀 평범할 수 없는 일이 벌어져 있었다. 그녀는 후에 이렇게 회고했다.

"나는 직감할 수 있었어요. 살펴보니 알겠더군요. 캐빈은 세상을 떠난 거였어요. 그는 잠을 자다가 마흔넷에 심장 마비로 숨을 거두었어요."

남편은 아무런 기색도 예고도 없이 돌연 사망하고 말았다. 그 평범한 아침에 세상을 떠난 남편을 발견한 심정은 어땠을까. 그날 이후 이 여성은 세상을 다르게 보게 되었다.

"캐빈이 숨진 후 우리의 삶을 뒤돌아봤더니 모든 게 달라 보였어요. 그것이 우리의 마지막 키스였고 마지막 식사였으며 마지막 휴가였고 마지막 포옹이었으며 마지막으로 함께 나눈 웃음이었던 겁니다. 나는 깨달았어요. 언제가 마지막 저녁 외출이고 마지막 추수감사절인지, 일이 일어나기 전까지는 알 수 없는 겁니다……. 캐빈은 나에게 선물이었지만 잠시 함께할 뿐 영원할 수는 없다는 걸 알았습니다."

엘리자베스 퀴블러 로스가 소개한 위 사례를 보면, 모든 관계는 반드시 끝이 찾아온다는 걸 알 수 있다. 상대가 등을 돌리거나 숨을 거두면 관계는 종결된다. 그러나 언제가 마지막이 될지 우리는 모른다. 그건 끝나봐야 한다. 인생은 끝나야 끝인 걸 알 수 있다. 연인과의 오늘 저녁 식사가 마지막일 수 있다. 그 사람이 상처를 더는 못참고 떠날지 모른다. 또 늙은 부모와의 통화가 오늘이 끝일 수 있다. 꼭 부모가 먼저 떠나는 건 아니다. 내일 부모가 아니라 내가 세상을 떠나버릴지도 모른다.

우리는 사랑하는 사람이 영생할 것처럼 생각한다. 그런 습관이 불행을 부추긴다. 무관심이나 갈등의 원천이 된다. 소중한 사람들은 모두 선물이지만 영원한 선물이 아니라 한시적 선물일 뿐이다. 사랑하는 사람이 내일 존재하지 않을 수 있다. 나의 소중한 사람들은 콘크리트나 바윗덩어리가 아니라 연기이고 이슬이고 바람인 것이다. 하루 종일은 아니더라도 언뜻언뜻 떠올리는 그 사람과 다정하게 지내다가 애틋하게 이별할 수 있다.

행복러의 넛지

엘리자베스 퀴블러 로스 Elisabeth Kubler-Ross 스위스 출신의 미국 정신과 의사이자 임종 연구 분야의 개척자. 《죽음과 죽어감》 등을 저술.

★ ☀ ☆

미국 정신과 의사 엘리자베스 퀴블러 로스와 그의 제자 데이빗 케슬러가 함께 쓴 《인생 수업》을 참고했다. 엘리자베스 퀴블러 로스는 죽음 연구에 큰 공을 세웠다. 또 '분노의 5단계(혹은 슬픔의 5단계)'를 창안한 것으로도 유명하다. 그 설명에 따르면, 불치병에 걸린 사람은 부정, 분노, 협상(이 소원만 이뤄지면 한이 없겠어요), 우울, 수용의 다섯 단계를 거친다.

31

삶의 기쁨을 키우는
세 가지 전략

~

딱딱한 신념을 버리면 유연해진다

강철처럼 굳은 마음은 우리를 불행하게 만들 수 있다. 대신 풀줄기처럼 부드럽고 유연해야 더 행복하다. 하버드대학교 심리학과 교수 엘렌 랭어가 저서 《마음 챙김》에서 했던 이야기를 들어보자.

1812년 나폴레옹은 60만 대군을 이끌고 제정 러시아를 침공했다. 나폴레옹은 불가능을 극복하는 용기를 가진 데다 지성적이고 철두철미한 전략가였다. 한편 그에 맞선 러시아 군의 사령관 미하일 쿠투조프는 늙었고 보드카를 사랑했으며 국가 행사에서 꾸벅꾸벅 조는 사람이었다. 흐리멍덩하고 허술하고 만만해 보였다.

그런데 전쟁에서 이긴 쪽은 쿠투조프였다. 초반에는 프랑스군의 완승처럼 보였다. 프랑스군은 피해가 컸던 전투도 있었지만 대체로 승리를 거듭하면서 손쉽게 진군했고 러시아군은 뒤로만 물러났다.

3주치 식량만 갖고 출발했던 나폴레옹 군대는 보급선에서 점점 멀어졌으나 그건 오히려 가까워지는 승리의 증거로 읽혔다. 나폴레옹은 계속 전진했고 지속적으로 물러나던 러시아는 급기야 모스크바까지 내줬다. 그런데 예상과 달랐다. 나폴레옹 군대가 승리를 꿈꾸며 모스크바에 도착했을 때 도시는 텅 비어 있었다. 병사들은 굶주린 배를 채울 수 없었다. 또한 집도 모두 불타 쉴 곳도 마땅찮았다.

거기에다 러시아의 매서운 겨울이 시작되었다. 나폴레옹은 차르의 항복을 받는 걸 포기하고 후퇴를 결정한다. 그러나 러시아가 가만있을 리 없다. 배고픔과 추위를 견디지 못해 후퇴하는 나폴레옹의 군대를 끈질기게 추격하여 거세게 공격했다. 결과는 비참했다. 60만 병사 중에서 대략 40여만 명이 죽고 10여만 명은 포로가 되었으며 살아 돌아온 군인은 겨우 몇만 명뿐이었다. 그리고 더 중요하게는 이때부터 나폴레옹 권력이 쇠락하기 시작했다.

천하의 전략가 나폴레옹이 노회한 애주가 쿠투조프에게 참담한 패배를 당했다. 어째서 그런 이변이 생겼을까. 엘렌 랭어 교수는 나폴레옹에 비해서 쿠투조프가 세 가지 면에서 뛰어났다고 평가한다.

✦재범주화 능력
✦새로운 정보에 대한 개방성
✦다양한 관점의 인정

첫 번째로 쿠투조프는 재범주화 능력이 뛰어났다. 러시아 내부에서는 모스크바를 비우는 것에 반대가 강했다. 그것은 통상적으로 패배의 범주에 드는 일이기 때문이다. 그런데 쿠투조프는 밀어붙였다. 그에게 도시 소개령은 패배가 아니라 유용한 전략에 속하는 것이었다. 도시 소개를 패배의 범주에서 전략의 범주로 옮겨 놓았다. 그처럼 유연한 재범주화Recategorization가 나폴레옹에게는 치명타였다.

두 번째로 나폴레옹은 쿠투조프 군대의 움직임에 무신경했지만, 쿠투조프는 나폴레옹 군대를 면밀히 관찰하고 시시각각 새로운 정보를 취합해 대응책을 마련했다. 나폴레옹은 새로운 정보에 폐쇄적이었지만 쿠투조프는 개방성을 유지했다.

세 번째로 관점에 대한 생각도 쿠투조프가 유연했다. 모스크바를 함락하면 차르의 항복을 받아낼 수 있다고 나폴레옹은 믿었다. 적의 주요 도시 함락은 곧 승리라는 관점을 그는 신봉했다. 하지만 쿠투조프의 관점에서는 다른 요소들이 보였다. 나폴레옹 군대는 보급선에서 점점 멀어지고 있었다. 또 혹독한 겨울이 오고 있었다. 그런 여러 사정 때문에 모스크바 점령은 승리가 아니라 패배의 시작이 될 수 있었다. 그런 새로운 관점을 채택한 것이 쿠투조프의 승인 중 하나였다.

사실 200년 전 딴 세상에서 일어난 전쟁 이야기가 무슨 의미가 있겠는가. 우리가 전쟁할 것도 아닌데 말이다. 또 역사학자들이 심리학자 엘렌 랭어의 분석에 반대할 수도 있다. 하지만 그런 건 중요하지 않다. 더 중대한 사실이 있다. 엘렌 랭어 교수의 분석은 21세기의 불행한 우리에게 실질적으로 유익하다. 유연한 재범주화, 새로운 정보의 수용, 다양한 관점의 인정은 삶의 기쁨을 키우는 세 가지 전략이다.

예를 들어서 사춘기 아이가 소리를 지르며 덤빈다고 해보자. 그런 행동은 일반적으로 반항의 범주나 무례의 범주에 넣을 수 있다. 그렇게 식상하게 범주화하면 부모는 화가 더 치밀고 집안의 갈등은 증폭된다. 그런데 아이의 저항을 반항이 아니라 성장으로 범주화하면 어떨까. 머리가 크고 자아가 생겼으니 덤빈다고 봐주는 것이다. 그러면 오히려 반갑다. 기쁘게 포용해 줄 수 있다. 그렇게 재범주화하는 부모가 갈등 없이 아이를 잘 키운다.

이번에는 내가 중요한 시험에 불합격했다고 하자. 불합격을 실패로 범주화할 것인가, 아니면 경험이라고 생각할 것인가. 어느 범주에 넣느냐에 따라 자신에 대한 애증 중에서 한 감정이 우세해진다. 극단적인 생각일 수도 있겠지만 직장 상사의 '고함'을 발성 연습이나 한 불쌍한 인간의 슬픈 비명으로 범주화하면 나의 방어력을 높일 수 있다. 그렇게 유연하게 긍정적인 재범주화가 우리 삶을 밝고 편하게 만든다.

새 정보에 대한 개방성도 못지않게 유익하다. 새로운 정보를 얻으려면 신간 서적을 읽고, 인터넷 강연을 듣는 게 좋다. SNS에서 전문가나 작가를 팔로우하면서 신생 정보와 감각을 얻을 수도 있다.

그렇게 새로운 정보를 받아들이면 늙어도 낡지 않게 된다. 꼰대는 과거에 익힌 정보나 감성에만 갇혀 있는 사람이다. 새로운 정보에 열린 사람은 영원히 정신적 젊음과 유연성을 유지할 수 있다.

마지막으로 다른 관점들을 인정하는 자세는 어떻게 얻는 걸까? 가장 먼저 나의 관점만이 옳은 건 아니라는 걸 기억하자. 그다음 나와 의견이 다른 사람, 가령 70대 할아버지나 20대 손주의 주장을 (반대 의견 표명은 미루고) 끝까지 들어준다. 또 나와 정치적, 사회적, 문화적 관점이 정반대인 책이나 뉴스 매체를 (편견 없이) 읽어본다. 이런 노력을 하면, 다양한 관점을 아우르고 시야도 넓은 사람이 될 수 있다.

호두 껍데기처럼 딱딱한 정신을 가진 사람이 있다. 나폴레옹처럼 확신과 의지가 강한 것도 매력이다. 그런데 장점 못지않게 단점도 있다. 자칫 고집스러워질 수 있다. 이미 알고 있던 범주와 정보와 관점을 무조건 신봉할 위험도 있는 게 사실이다. 그렇게 유연성과 개방성이 부족하면 자신에게나 지인에게나 해롭다. 반목과 갈등이 커진다. 부드러워야 한다. 호두 껍데기처럼 딱딱하지 말고 풀줄기처럼 연해야 한다.

유연하게 재범주화하고 새로운 정보를 거부하지 않고, 나와 다르면서 동등한 관점이 수십 수백 개는 있다고 인정하면 마음이 가뿐하고 매력적인 사람이 된다.

미하일 쿠투조프 Mikhail Illarionovich Kutuzov 제정 러시아 시절의 장군. 나폴레옹이 러시아를 침공하였을 때 총사령관으로서 나폴레옹을 격퇴함.

★ ☀ ☆

엘렌 랭어는 1981년 여성 최초로 미국 하버드대학교 심리학과의 종신 교수로 임용되었다. 학계의 유리천장을 깨뜨린 그는 죽음에 대한 주요 연구자이며 '마음 챙김' 이론의 전문가이다. 그가 쓴 《늙는다는 착각》에는 우리가 불행한 이유 하나가 설득력 있게 제시되어 있다.

"사람들이 지속적으로 우울하다고 느끼는 이유 중 하나는 삶이 흡족할 때의 감정 상태를 스스로 확인하지 않기 때문이다. 기분 좋을 때는 대다수가 감정의 근거를 찾으려 하지 않는다. 반면 우울할 때는 불행을 뒷받침하는 근거를 찾으려 든다. 우울할 때는 이유를 묻고, 행복할 때는 묻지 않는 것이다."

사람들은 행복할 때는 왜 행복한지 생각하지 않고 불행할 때에야 불행의 이유를 추적하는 경향이 있다. 그렇게 해서 우리 머릿속에는 불행의 근거 자료만 쌓이고 행복의 자료는 희박해진다. 내가 행복한 이유를 진지하게 숙고하면 그 불균형이 해소된다고 엘렌 랭어는 조언한다.

32

자유란 타인의 마음과 단절하는 것

인간은 현실이 아니라 상상 속에서 더 고통받는다

무겁고 가혹한 현실은 인간을 괴롭힌다. 왜 아니겠는가. 맞다. 산더미처럼 쌓인 의무, 힐난하는 사람들, 갚아야 할 빚, 치열한 경쟁 등이 현실을 이뤄서 우리에게 고통의 매운맛을 보여준다. 그런데 현실보다 우리를 더 괴롭히는 게 있다. 그것은 우리의 상상이다. 스토아 철학자 세네카도 이렇게 말했다.

> "우리는 현실보다 상상 속에서 더 고통받는다."

인간은 상상하는 동물이다. 그것도 뻥튀기처럼 부풀려 과장하는 상상의 전문가다. 여드름 하나를 발견하고는 피부암을 상상하기도 한다. 메신저에 즉시 답이 오지 않으면 초조해하고 짜증 내다가 결국은 내가 그 인맥 속에서 무시당하는 존재라는 결론을 내리고는 슬퍼하고 분노한다. 현실의 작은 힌트 하나로 거대한 재앙이나 파멸을 상상한다.

상상력이 강력하기 때문에 인간의 고통은 현실보다 상상 속에서 더 크다. 세네카가 살았던 2,000년 전이나 지금이나 변함없는 인간의 운명이다. 수천수만 년이 흘러도 다르지 않을 것이다.

그러면 해결책은 뭘까? 단세포적인 답이 있다. 상상하지 않으면 된다. 현재의 현실만 보고 생각하면서 살면 무서운 상상에 빠지지 않는다. 그런데 그게 말로는 쉽지 실제로는 어디 가능한가. 사람이 무슨 바이러스나 플라스틱 쪼가리도 아닌데 현실 너머를 상상하지 않으면서 존재할 수는 없다.

그러면 어떡해야 할까. 뭣보다 부정적 상상을 체크하는 습관이 필요하다. 내가 무서운 상상을 시작하면 넋 놓고 따라가지 말고, 음주 단속 경찰관이 차를 세우듯이 상상을 멈추게 한 후 물어보는 것이다. "근거 있어? 아니면 내 멋대로 만든 상상인가?" 그렇게 상상 체크 질문을 던지는 습관이, 무서운 상상에서 스스로를 구출할 수 있다.

하지만 그렇게 대응하고 억눌러도 상상하는 습관을 떨칠 수 없다면, 좀 더 강한 처방이 필요하다. 미움받아도 좋다고 각오하는 것이다. 2015년의 최고 베스트셀러 기시미 이치로의 《미움받을 용기》에 등장하는 철학자는 독자들에게 자유로워지라고 조언한다. 그런데 자유란 무엇인가? 철학자는 '자유란 타인에게 미움을 받는 것'이라면서 이렇게 강조한다.

"남이 나에 대해 어떤 평가를 내리든 마음에 두지 않고, 남이 나를 싫어해도 두려워하지 않고, 인정받지 못한다는 대가를 치르지 않는 한 자신의 뜻대로 살 수 없어. 자유롭게 살 수 없지."

물론 일부러 미움을 사라는 뜻은 아니다. 미움을 받아도 아무렇지 않다고 생각하면서, 나의 의지와 철학대로 살라는 뜻이다. 가령 친구들이 나의 문자 메시지에 답하지 않는다고 가정해 보자. 그러면 많은 사람들은 미움을 받거나 무시를 당한다고 상상한다. 그게 대다수의 습관이다. 그런 습관을 고치려면 미움받을 용기가 필요하다. 남이 나를 좀 미워해도 된다고 대담하게 마음먹는 것이다. 그러면 미움받는 상상은 가치를 잃게 되고, 우리는 그런 끔찍한 상상의 고통에서 벗어나게 된다.

운명이나 사람에게서 사랑받으려는 욕심을 버리자. 대신 미움을 좀 받아도 된다고 결심한다. 그러면 환상의 고통에서 벗어날 만반의 준비가 다 되었다. 기시미 이치로의 다른 책《다시 피어나려 흔들리는 당신에게》에는 이런 문장이 있다.

"상상한 대로의 불행은 결단코 일어나지 않는다."
"내일의 불행을 기다리느라 오늘을 허비하고 있지 않은가?"
"미래와 단절하면 불안은 해소된다."

사람은 자신의 불행을 정확히 상상하거나 예측할 수 없다. 그러니 상상을 접어버리고 오늘을 행복하게 사는 게 낫다. 오늘은 오늘의 즐거움을 만끽하기에도 무척 짧다.

기시미 이치로 Kishimi Ichiro 일본 교토에서 태어난 작가이자 철학자. 아들러 심리학에 대한 20년간의 연구를 바탕으로 《미움받을 용기》《사는 게 용기다》 등을 저술.

33

피로감을 이기는
네 가지 변신술

직장에서의 좌절과 분노가 번아웃을 부른다

매일 피곤한 직장인이 있다. 그는 주말에 푹 쉬어도 피곤하다. 휴가도 별 효과가 없다. 지난여름 열흘 동안 여행을 끝내고 출근했을 때다. 자신의 기력이 회복된 줄 알았지만 웬걸 출근 첫날부터 극심한 피로감이 되살아났다.

푹 쉬어도 피곤한 직장인이라면 그 이유는 뭘까? 만성 피로 증후군이나 상사병 같은 중병에 걸렸을 가능성은 배제하고 생각해 보자. 긴 휴가 후 복귀한 날에 극심하게 피곤했다면, 그 피로감의 원인은 일이 아니라 다른 이유 때문일 것이다. 미국 작가 데일 카네기의 유명한 명언이 있다.

"피로감은 일보다는 걱정, 좌절, 분노 때문에 더 자주 생긴다."

일이 힘들어서 피곤할 것일까. 아니면 걱정, 좌절, 분노 때문에 녹초가 된 것일까. 일하는 시간과 강도가 원인이라면 조절하면 된다. 그런데 걱정, 좌절, 분노 때문이라면 다른 대책이 필요하다. 휴가가 필요한 것이 아니라 걱정을 줄이고 좌절을 약화시키고 분노를 다스리는 마음의 훈련이 선결 과제이다. 그 훈련은 내면에 안전 공간 혹은 완충 공간을 만드는 게 목표가 되어야 한다. 내가 시도하는 네 가지 변신술을 소개해 보겠다.

먼저 거북이 되는 거다. 남들이 토끼처럼 뛰어다녀도 나는 천천히 움직인다. 누군가 빨리 일을 처리해달라고 요청해서 내 마음이 덩달아 바빠졌을 때에는 오히려 거꾸로 속도를 한 단계 낮춘다. 그러면 마음이 편안해지고 숨이 쉬어지며 몸이 덜 피로하다.

곰돌이 푸로 빙의하는 방법도 추천할 만하다. 아주 낙관적인 정신을 갖는 것이다. 이때 무책임할 정도여야 한다. '어떻게 잘되겠지'라고 믿으면서 시간을 보내면, 곧 방법이 머리에 떠오른다. 압박한다고 뇌가 말을 듣지는 않는다. 푸는 먹을 것 앞에서 정신을 못 차린다. 우리도 과자 한 조각을 먹으며 정신을 빼버리는 연습을 하자. 몸과 마음이 부드러워져서 좋은 생각이 떠오를 것이다.

수행자가 되어 보는 것도 좋은 마음 훈련법이다. 나는 누가 밉게 굴수록 그를 미워하지 않으려고 무척 애를 쓴다. 영혼은 착한 사람일 거라고 상상하면서 나의 분노나 미움을 다독인다. 그러는 사이나의 피로감이 줄어들어서 좋다.

또 틈틈이 명상가가 되어 본다. 호흡하고 명상하면서 자신의 스트레스를 조절하는 연습을 하는 것이다. 꼭 눈을 감아야 명상이 아니다. 파란 하늘에 시선을 잠시 둬도 명상이다. 한번의 심호흡도 면벽수도面壁修道처럼 유익하다.

많은 경우 피로감의 원인은 노동이 아니라 불편한 마음인데, 이 관점으로 더 넓게 볼 수도 있다. 삶 자체가 불행할 때도 마음을 살펴보는 게 현명하다. 경제적 곤란이나 관계의 문제 등 객관적 현상이 불행의 최초 방화범일 수 있다. 하지만 그 결과 걱정, 좌절, 공포, 분노가 과다하게 분비되지 않았는지 살피고 해소를 시도하면 편안하게 해결책을 찾을 수도 있다. 인생의 피로감은 삶 자체보다는 걱정, 좌절, 분노 때문에 더 자주 생긴다.

혼동할 수도 있겠는데, 앤드류 카네기는 철강왕으로 불리는 미국의 최고 갑부이고, 데일 카네기는 자기 계발 분야의 최고 작가이다. 그가 20세기 초반에 낸 책들은 100년이 지난 지금도 전 세계에서 많은 독자를 만나고 있다. 《데일 카네기 인간관계론》를 보면서 힌트를 얻자. 비난하지 말자. 일의 피로감을 줄일 수 있는 방법 중 하나다.

"남을 비판하고, 비난하고, 불평하는 건 바보라도 할 수 있다. 그리고 대체적으로 바보는 그렇게 한다. 하지만 남을 이해하고 용서하려면 인격과 자제심이 필요하다. 훌륭한 사람은 약자를 대하는 모습에서 훌륭함을 보여준다."

비판, 비난, 불평은 토해내면 시원할 것 같지만 결국은 갈등을 일으켜서 스스로 피로감을 높인다. 반대로 이해와 용서는 상대는 물론 내 마음도 편하게 만든다.

행복러의 넛지 ☺

데일 카네기 Dale Carnegie 미국의 작가이자 강사. 최초로 본격적인 자기계발서를 만들어낸 인물.《카네기의 인간관계론》《카네기의 자기관리론》등을 저술.

34

과거와
이별하는 연습

✑

트라우마를 무서워하는 약한 마음과 헤어진다

전기차 회사 테슬라와 우주 기업 스페이스엑스의 CEO이고 세계 최고 부자에 속하는 인물, 누구일까? 그렇다. 일론 머스크다. 하지만 우리가 부러워마지 않는 이 사람이 어린 시절까지 유복했던 것은 아니다. 그가 힘든 어린 시절을 겪었다는 사실은 불행한 보통 사람들에게는 위안이 된다. 황폐해진 영혼도 왕성하게 살아남을 수 있다는 걸 증명하기 때문이다. 좀 고장 나고 부서졌다고 끝이 아니다. 트라우마를 이길 힘이 우리 몸 어딘가에 숨어 있다. 이 얼마나 기쁜 희망의 메시지인가!

월터 아이작슨이 쓴 《일론 머스크》를 읽어보면 머스크는 심각한 폭력을 자주 목격하거나 직접 당했다. 어릴 때 머스크는 남아프리카공화국에서 살았는데 치안이 불안했다. 폭력배가 칼과 기관총으로 사람을 살상하는 일도 흔했다. 한번은 시신 곁에 흥건히 고인 피를 밟고 지나간 적이 있었다. 걸음을 뗄 때마다 운동화 바닥에서 끈적거리는 소리가 났다.

이렇게 무서운 곳이어서 머스크의 가족은 맹견을 길렀다. 셰퍼드는 집 앞에서 누군가 달리면 물도록 훈련을 받았는데, 이 개가 다정하게 지내던 여섯 살 머스크가 달리자 쫓아가서 등을 물어버렸다. 병원으로 실려 간 머스크는 부모와 맞섰다. 개를 해치지 않겠다고 약속하기 전까지는 절대 치료를 받지 않겠다는 것이었다. 부모가 약속했지만 실은 거짓 약속이었다. 개는 총에 맞아 죽었다. 여섯 살짜리 어린 아이의 가슴에 등보다 더 큰 상처가 남았다.

머스크가 당한 학교 폭력도 심각했다. 초등 저학년 때 몇몇 아이들에게 집단 구타를 당한 것이다. 아이들이 머스크의 얼굴을 발로 차고 주먹으로 때렸다. 동생은 얼굴을 알아볼 수 없을 정도로 묵사발이 된 적도 있다.

학교 폭력배나 동네 깡패보다 더 심각한 것은 아버지의 폭력이었다. 아버지의 정서적 학대는 이루 말할 수도 없었다. 어느 날 머스크가 학교 폭력으로 입원했다가 집에 돌아오자 1시간 가까이 세워놓고 바보 멍청이라고 야단을 쳤다고 한다. 머스크의 아버지는 비정했다. 아이의 슬픔이나 두려움에 공감할 능력이 없었다. 아버지에 대한 미움은 성인이 된 일론 머스크의 뇌리에 생생하게 남아 있었다. 머스크는 한 인터뷰에서 이렇게 말했다.

"아버지는 무엇이든 끔찍하게 만들어버리는 법을 확실히 아
는 사람이죠."

책으로 알게 된 머스크는 위기를 즐기는 듯하다. 두려움이 없고
기쁨과 연민이 차단된 사람이다. 또한 언제나 완벽한 통제와 지배
를 원한다. 자기 아버지가 그랬던 것처럼 말이다. 비록 머스크에 대
한 주변의 평가와 증언은 그렇게 호의적이지는 않지만, 이 상처받
은 인물은 세계에서 가장 유명한 기업가로 성장했다. 세계 최고의
부자 자리에 올랐으며, 자녀를 열 명씩이나 둔 아버지가 되었다. 육
체적 정서적 폭력에 노출되었던 머스크는 살아남았다. 트라우마가
인간의 미래를 파괴할 수 없다는 걸 보여주는 산증인이다.

나는 그래서 자신 있게 말할 수 있다. 웬만한 불행을 겪은 사람들
은 희망을 가져도 된다고 말이다. 우리도 머스크처럼 살아남자! 비
록 고통을 다 지우지 못하더라도, 행복과 기쁨을 추구하면서 살아
갈 수 있다. 트라우마에 패배하지 않아도 된다. 아울러 타고난 환경
에 패배할 이유도 없다. 꽃을 크게 확대해서 그리는 걸로 유명한 미
국 화가 조지아 오키프도 다음과 같이 말했다.

"내가 어디서 태어났고 내가 어떻게 살았는지는 중요하지 않
다. 내가 사는 이곳에서 내가 무엇을 해왔는지가 중요하다."

태생이나 과거, 어떤 환경에서 자랐는지도 물론 중요하다. 하지

만 지금 내가 이곳에서 무엇을 하고 있는지가 중요하다. 일론 머스크는 인류에게 그의 과거보다 현재와 미래가 더 중요한 사람이 되었다. 옛일을 두려워하지 말고 평계 대지도 말고 오늘에 최선을 다하면 옛일의 영향력이 쇠약해진다.

━━━● 행복러의 넛지 ☺ ━━━━━━━━━━━━━━━━━━━━●

일론 머스크 Elon Musk 남아프리카공화국에서 태어난 미국의 사업가. 〈아이언맨〉의 주인공 토니 스타크의 모델로 유명.

★ ☀ ☆

월터 아이작슨(Walter Seff Isaacson)은 미국의 언론인이자 교수, 수많은 책을 쓴 작가다. 레오나르도 다빈치, 스티브 잡스, 알버트 아인슈타인 등에 대한 전기도 저술하였다.

조지아 오키프(Georgia O'Keeffe)는 미국의 화가로 자연을 확대시킨 작품을 주로 그렸다. 추상과 구상이 교차하는 자신만의 추상환상주의적 이미지를 개발하여 20세기 미국 미술계에서 가장 독창적인 화가로 평가받는다. 대표작으로는 〈검은 붓꽃 〉, 〈암소의 두개골, 적, 백, 청〉 등이 있다.

35

모른 척해야
내게 안기는 행복

행복이라는 빛은 정면으로 직시해선 안 된다

사람은 누구나 행복하고 싶다. 누구에게나 행복을 추구할 권리가 있다. 그런데 주의할 게 있다. 행복하려고 지나치게 애쓰다가 도리어 행복에서 멀어질 수 있다는 점이다. 미국의 철학자 로레인 베서는 이렇게 설명한다.

> "행복을 최대화하려는 직접적이고 의식적인 노력은 행복을 최대화하지 못한다."

행복 추구는 문제없다. 그런데 행복을 직접적으로 의식적으로 최대화하려고 작정하면 행복해질 수 없다. 로레인 베서가 드는 예가 있다. 하루 종일 "나는 꼭 행복해질 거야."라고 다짐하는 건 문제가 된다. 또 사사건건 "이 일은 나의 행복을 방해하는 것은 아닐까?"

"어떻게 해야 내가 더 행복할까?"라고 자문하는 사람의 행복도 위태로울 수 있다. 그렇게 매 순간 행복을 의식적으로 좇는 사람이 목표를 이룰 확률은 의외로 낮다. 행복의 역설이다.

그 이유는 행복이 의무나 숙제가 되기 때문이다. OTT 영화를 보는 일이 매일의 의무라면 곧 지루해진다. 커피 한 잔이 무슨 감기약처럼 정해진 시각에 반드시 마셔야 할 숙제가 되어도 정떨어지는 게 사람 심리다. 행복도 다르지 않다. 행복을 매일의 의무이자 과제로 설정하면, 행복은 진부하고 피곤한 일이 된다.

또 다른 문제도 있다. 행복에만 집중하면 걱정도 따라서 커지는 부작용이 있다. 깨끗한 피부를 간절히 소망하는 사람은 얼굴의 잡티가 도드라져 보인다. 행복도 다르지 않다. 행복에 몰두할수록 불행의 증거들이 보이기 때문에 절실한 행복 추구는 오히려 불행의 씨앗이다.

행복은 햇빛이다. 직접 바라보지 않는 게 좋다. 대신 간접 추구가 좋다. 산책하고 일하고 쉬는 동안에 행복의 햇빛이 자연스럽게 우리를 비추게 될 것이다. 행복을 직접 갈구하지 말고, 흥미롭거나 의미 있는 경험을 하는 데 정신을 몰두하는 게 낫다. 스키, 독서, 영화 보기, 등산, 즐거운 모임 등 좋아하는 일에 작은 열정을 쏟으면, 새싹이 자라듯이 소리 없이 행복감이 자란다.

달콤함뿐 아니라 쌉싸름한 일도 행복을 증진시킨다. 당장 불편하거나 싫은 일이라도 가치가 있다면 시간과 에너지를 쏟는 게 중장

기적인 행복의 길이다. 힘든 공부나 자기 계발이 여기에 속한다.

행복 추구는 모든 사람의 천부적 권리이다. 하지만 행복을 직접 쫓아가서 붙잡을 수 있다는 생각은 타당하지 않다. 행복은 포획되지 않는다. 행복은 자유롭게 날아다니다가 우리를 깜짝 방문해서 노래를 부르는 한 마리의 새다. 붙잡으려고 손을 뻗으면 멀리 날아가버리는 행복은 잊고, 즐겁고 의미 있는 생을 사는 게 최선이다. 때가 되면 행복이 찾아와서 서프라이즈 파티를 열어줄 것이다. 행복이라는 새를 손에 거머쥐려고 해서는 안 된다.

─● 행복러의 넛지 (◡) ○──────────────────────────────●

로레인 베서 Lorraine Besser 철학자이자 미국 미들베리대학교의 철학 교수. 도덕 철학과 도덕 심리학에 대한 연구로 잘 알려짐. 《The Philosophy of Happiness》 등을 저술.

★ ☀ ☆

행복의 역설을 이야기한 로레인 베서 교수의 《The Philosophy of Happiness》는 현재 국내 번역이 되지 않은 것으로 보인다. 베서 교수는 행복의 간접적 추구법 두 가지도 추천했다. 친절한 행동과 감사 훈련이다. 친절한 행동에는 자원 봉사 활동 등이 있겠다. 누군가를 돕거나 공동체에 필요한 일을 하는 것이다. 그러다 보면 도움을 받는 사람만큼이나 나 자신의 행복감도 크게 높아진다.

감사 훈련은 행복에 이르는 둘레길이다. 주변 사람들에게 감사하면 그들과의 관계가 깊고 진실해진다. 또 내 삶의 환경에 감사하면 삶을 사랑하게 된다. 그럴 때 행복이 소리 없이 찾아와 가슴을 채운다.

36

행복은 스쳐 지나는
바람 같은 것

목적지에 행복이 없더라도 슬퍼하지 마라

우리의 생각 속에서 행복은 목적지다. 땀 흘리며 달리고 올라서 끝내 다다르는 어떤 장소가 우리가 생각하는 행복이다. 예를 들어서 대학에 가면, 큰 기업에 들어가면, 내 집이 생기면 행복해질 것만 같다. 그런데 그건 다수의 단세포적인 생각이다.

다세포의 섬세한 존재는 뭔가 이상하다는 사실을 일찌감치 알아챈다. 꿈꾸던 곳에 도달했지만 그곳에 꼭 행복이 기다리고 있지 않았다는 걸 말이다. 행복을 만날 수 있는 곳은 목적지가 아니라 여행 길이기 때문이다. 미국의 32대 대통령 프랭클린 루즈벨트는 그걸 알았다.

"돈을 소유하는 게 행복이 아니다. 행복은 성취하는 기쁨에 있고 창의적으로 노력하는 전율 속에 있다."

돈이 평생의 목적이었던 사람은 돈다발을 거머쥐었을 때 생각처럼 행복하지 않기 때문에 눈이 휘둥그레질 것이다. 당연히 그럴 수밖에 없다. 행복은 목표에 도달하는 과정 속에서 이미 충분히 느꼈다. 실패를 극복한 다음, 크고 작은 성취를 이루는 희열이 행복이었다. 창의적인 시도를 하며 느꼈던 스릴과 만족감이 행복이었다. 그렇게 행복은 목적을 향하는 여행길에서 만끽하는 것이다.

명예가 목적인 사람도 마찬가지다. 관계가 목적이고 지혜가 목적인 사람도 같다. 목적지를 향하는 여행길에서 느끼는 작은 성취, 창의적 시도, 좌절을 극복하는 것 등이 행복이다. 여기서 우리는 중요한 사실을 기억해야 한다.

첫 번째 행복은 우리를 스쳐간다. 우리가 바삐 걷는 동안 얼굴의 땀을 식혀주는 바람이 행복이다. 추운 겨울밤 모닥불의 온기와 한여름 손에 와 닿는 시냇물의 기분 좋은 시원함이 행복이다. 행복은 머무르거나 누적되지 않고 스쳐 사라진다. 바람을 잡을 수 없듯이 우리는 행복을 손에 쥘 수 없다. 가끔씩 찰나의 행복을 느낄 뿐이다. 민감한 사람은 행복의 찰나를 더 자주 선명하게 감지할 수 있다.

두 번째 사실이 더욱 의미심장하다. 행복은 목적지에 있지 않으므로 목적지에 도달하지 못해도 우리는 행복할 수 있다. 그뿐 아니라 도중에 목적지를 바꿔도 행복할 수 있다. 행복 추구는 냉정한 경주가 아니다. 금·은·동 메달을 따지 못하더라도 우리는 모두 행복할 수 있다. 얼마나 기쁜 사실인가. 남들보다 앞서지 않아도, 목적지에 도달하지 못해도 즐거운 인생을 살 수 있으니 말이다.

당나귀와 친구들도 그 진리를 경험으로 배웠다. 옛날 어떤 마을에서 당나귀가 가출하는 사건이 벌어졌다. 주인이 늙어서 쓸모없어진 당나귀를 팔아넘기려고 하자 배신감을 느낀 당나귀가 집을 뛰쳐나와 버렸다. 당나귀는 브레멘으로 가서 악단원이 되기 위해 길을 떠났다. 당나귀는 길에서 사냥개를 만난다. 늙어서 사냥을 못 하는 개를 못된 주인이 죽이려 했다고 한다. 사냥개도 당나귀와 함께 브레멘으로 가서 음악 연주가가 되기로 한다. 더 이상 쥐를 잡지 못해 물에 던져질 고양이와 닭요리의 식재료가 될 위기를 맞은 수탉도 동참해서 브레멘으로 향한다.

길을 가던 중 동물들은 어느 집에 도둑들이 모여 있는 걸 보고, 도둑들을 쫓아버린 후 집을 차지한다. 그곳은 동물 네 마리의 안식처가 된다. 동화의 제목이 '브레멘 음악대'인데도 동물들은 브레멘으로 가지도 않았고 음악대가 되지도 않았다. 그래도 동물들은 모두 즐겁고 행복했다.

우리도 이렇게 살 수 있다. 물론 먼저 목적지를 정하고 가능하면 도달하려고 노력해야 한다. 그리고 미리 알고는 있어야 한다. 그곳에는 행복의 그림자만 있을 수 있다는 사실을. 또 목적지에 도달하지 못해도 행복할 수 있다는 것을. 행복이 도달해야 하는 목적지라는 낡은 은유를 버리면 그 순간부터 벌써 행복해진다.

아예 떠나지 않고 가만히 있는 것도 행복이며, 그런 행복의 향유를 위대함의 조건으로 평가하는 철학자도 있다. 그의 이름은 버트런드 러셀이다. 20세기의 탁월한 논리학자이자 수학자였고 노벨 문학상을 수상한 빼어난 저술가였던 그가 《행복의 정복》에서 위대한 인물들의 삶이 얼마나 단조로웠는지 정리했다. 책에 따르면 칸트는 평생 쾨니히스베르크에서 10마일(16킬로미터) 밖을 벗어난 적이 없다. 다윈은 탐사 여행을 마친 후 여생을 자기 집에서 칩거했다. 마르크스는 혁명 운동 후에 자신의 남은 시간을 영국 박물관에서 보내기로 결심했다. 그렇게 협소한 장소와 지루함과 단조로움 속에서 그들은 '행복을 정복'하고 위대한 업적을 남겼다.

보통의 생각과 달리 여행지, 미술관, 바닷가, 카페 등으로 이동해야만 행복한 것은 아니다. 어떤 위대한 사람들은 좁은 공간이나 단조로움 속에서도 행복을 찾는다.

행복러의 넛지 ☺

버트런드 러셀 Bertrand Russell 영국의 수학자, 철학자, 공공 지식인으로 수학, 논리학, 집합 이론, 그리고 분석 철학의 여러 분야에 영향을 미쳤다. 1950년에 노벨 문학상을 수상함.

4장

예민한 감각의
행복

바다에 안기듯
안온한 행복

섬세한 사람은 경외감의 행복을 만끽한다

바다 앞에서는 설명하기 어려운 행복감을 느끼게 된다. 그것은 말하자면 바다에 안기는 행복감이다. 보통의 행복감은 내가 안는다. 가령 SNS '좋아요'나 미식의 행복감은 내가 안는 느낌이다. 내가 좋은 기분을 삼켜서 내 속을 가득 채운다. 그런데 바다 앞에서는 내가 안긴다. 내가 거대한 것에 빨려들어 일부가 되는 기분인데, 그게 오묘한 행복감을 일으킨다. 행복은 그렇게 두 가지로 나뉜다. 내가 안는 행복감과 내가 안기는 행복감이다. 후자의 행복을 일으키는 것은 경외감이다.

미국 심리학자 캐시 홈즈는 경외감을 '광활한 것에 노출될 때 생겨나서 세상에 대한 인식을 변화시키는 느낌'이라고 정의한다. 태평양, 에베레스트, 노을, 걸작 예술품처럼 압도적인 것을 접하는 순간 우리는 놀라고 감탄하며, 나 자신과 세상을 다르게 느낀다. 그

느낌이 바로 경외감이랄 수 있다. 이 경외감이 행복의 깊은 원천이라고 평가하는 대표적 학자가 캐시 홈즈다. 그의 저서 《더 행복한 시간Happier Hour》에서 말하는 경외감의 근원 네 가지를 살펴보면 개념이 더 선명해진다.

첫 번째는 자연의 경외감이다. 깊고 높은 산에 올라 바라보는 자연 경관이나 아파트에 앉아 늘상 바라보는 노을까지도, 자연은 너나 할 것 없이 언제나 깊은 경외감을 선사한다. 자연에 직접 발을 들이지 않아도 태양계나 은하계의 사진만 보아도 경외감은 짙게 일어난다. 아름답고 복잡하고 거대한 자연 앞에서 사람은 자신의 근원을 상상하며, 자신이 아주 작은 존재임을 깨닫고 광활한 세상의 운동을 느낀다. 작은 화분, 길가의 낙엽, 비바람, 아침 이슬, 하얀 눈에도 우주가 담겨 있다.

두 번째로 사람과의 관계도 경외감을 일으킨다. 가족의 눈 속에 있는 깊은 사랑, 조그만 아이의 따뜻한 체온과 가벼운 무게감, 연인의 손길, 마음 깊은 사람과의 눈 맞춤은 놀랍다. 감동을 준다. 사람 속에 엄청나게 크고 깊고 따뜻한 것이 존재한다는 느낌에 포위되면 우리는 사람과 세상을 다시 보게 된다.

세 번째로 미술, 음악, 문학 등 예술 작품은 거대한 경외감의 바다다. 창의성, 상상력, 우주적 영감, 영원한 인간의 비밀을 밝히려는 의지가 그 아름다운 바닷속에 있다. 그 거대하고 깊고 아름다운 바다에서 맨몸으로 떨리는 느낌을 경험해 보자.

네 번째로 놀라운 성취도 경외감을 일으킨다. 올림픽 메달리스트의 극한 인내, 노벨상을 받은 과학자들의 성취, 혁신적 사업가의 업적에 대해 들으면, 환포環抱 즉 무엇인가에 에워싸이는 느낌이 든다. 작고 눈에 드러나지 않는 성취도 다르지 않다. 가난하고 병든 사람들을 위한 헌신, 소시민의 작고 착한 마음, 우리 부모의 희생도 경이롭다.

행복은 크게 내가 안는 행복감과 내가 안기는 행복감으로 나뉜다. 우리는 대체로 내가 끌어안아 품는 행복감에 익숙하다. 여행, 미식, 쇼핑, 승진 등이 그런 종류의 행복감을 가져온다. 그런데 내가 안기는 행복감도 있다. 내가 흡수되고 빨려드는 행복감이다. 자연과 예술과 사람에게서 느끼는 경외감이 그 원천이다.

더 깊고 더 묵직한 행복을 원하면 경외감을 찾아 느끼면 된다. 예를 들어 이런 네 가지 행위가 경이로운 행복감을 줄 수 있다.

첫 번째, 낙엽을 손바닥에 올려놓고 바람을 피부로 느끼며 시선은 하늘을 바라본다. 무한한 자연의 아름다운 조각들이다. 경이롭다. 섬세한 사람은 행복감을 느낄 수 있다. 무한한 자연의 일부로 존재하는 게 감사하고 기쁘다.

두 번째, 사랑하는 사람의 눈을 지그시 바라본다. 그의 슬픔, 기쁨, 희망을 볼 수 있다. 엄마의 손을 잡거나 안겨본다. 나는 엄마 몸의 일부였다.

세 번째, 미술관에 간다. 낯설고 난해한 공간일 수 있다. 예술가가 찾아낸 자신의 새로운 감성이 표현된 것이니까 당연히 낯설고 어렵다. 낯선 공간에 안길수록 나는 확장된다.

네 번째, 롤모델을 만든다. 놀라운 일을 이룬 사람들을 찾아서 안긴다. 그게 어떤 종류이건 비범한 성취를 이룬 사람들은 모두 북극성이어서 방향 감각을 갖게 도와준다.

바다 앞에서는 설명하기 난해한 행복감이 든다. 바다에 안기는 듯한 편안하고 안온한 행복감이다. 그런 경이로운 행복감을 집과 사무실과 도심 벤치에서도 느낄 수 있다면, 그는 깊고 섬세한 사람이다.

행복러의 넛지 ☺

캐시 홈즈 Cassie Holme 미국 UCLA 앤더슨 경영대학교의 마케팅과 행동 결정학 교수. 시간과 행복에 대한 연구로 유명하며, 《Happier Hour》 등을 저술.

★ ☀ ☆

여기서 소개한 책은 2022년 아마존 베스트 북에 선정되었으며 〈월스트리트저널〉 베스트셀러에 오르기도 했는데 우리나라에는 아직 번역 출판되지 않은 것으로 보인다.

38

긍정적 감정과
부정적 감정

내 감정을 세밀하게 측정해야 행복할 수 있다

사람은 평생 매 순간 행복하기를 원한다. 그런데 인간의 행복 추구는 허황된 구석이 있다. 행복을 원한다면서 행복이 무엇인지 분명히 알지 못한다. 세상 사람들이 행복하지 않은 가장 큰 이유는 행복을 몰라서다. 단순하게라도 행복의 개념을 알고 있어야 한다. 가장 평이하게 정의하면 긍정적 감정을 자주 경험하는 것이 행복이다.

그렇다면 긍정적 감정은 뭘까. 마음의 고요함에서부터 극적인 희열감까지 다양한 강도의 감정들이 긍정적 감정에 포함된다. 여기에는 고요함, 편안함, 만족감, 즐거움, 기쁨, 신남(흥분), 희열이 있다. 불행은 그 반대의 부정적 감정을 자주 느끼는 상태다. 표와 도표로 나타내면 다음과 같다.

나의 감정 습관은 어떤가. 긍정적 감정과 부정적 감정 중 어떤 걸 더 자주 느낄까? 이러한 감정을 섬세하게 측정할 수 있는 사람이 더 행복하다.

긍정적 감정들	부정적 감정들
고요함, 편안함, 만족감, 사랑, 즐거움, 기쁨, 신남, 희열	우울, 불안, 불만, 미움, 슬픔, 지루함, 공포, 고통

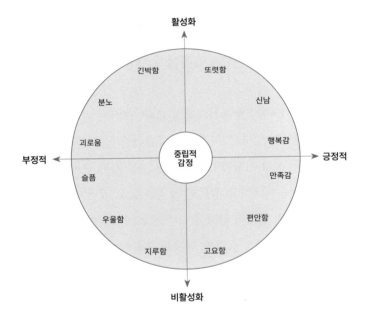

긍정적 감정과 부정적 감정들을 원형 이미지로 분류할 수도 있다. 그것은 미국 심리학자 제임스 A. 러셀이 제시한 '감정의 원형 모델'로 위키백과 영문 사이트에서 가져왔다. 재미있는 사실을 많이

알 수 있다. 예컨대 분노와 신남은 닮은 감정이다. 또 지루함과 고요함도 혼동하기 쉽다. 그리고 우울한 기분은 편안한 기분으로 바꿔 생각할 여지도 있다.

분류 방법이 어떻든 긍정적 감정은 종류가 아주 많다. 그건 행복의 종류도 많다는 뜻이다. 크게 웃으며 즐거움을 느끼는 것도 행복이지만, 눈을 감고 마음의 평화를 느끼는 것도 행복이다. 거액을 손에 쥐는 것도 행복이고, 달콤 쌉싸름한 커피 한잔에 만족해도 행복이다. 고요한 것에서부터 폭발적인 희열까지 사람마다 추구하는 행복도 조금씩 다르고, 연령이나 경험에 따라 추구하는 행복의 종류가 변화되기도 한다.

나는 지금 행복한가? 행복하다면 어떤 종류의 행복감을 느끼고 있는가? 나에게 어떤 감정이 찾아왔는지 제법 정확히 측정하는 섬세함이 행복의 중요 조건이다.

내적 성찰의 부족 말고도 자기감정을 파악하기 힘든 이유가 또 있다. 감정 자체가 워낙에 혼란스럽다. 정신 속을 빠르게 왔다 갔다 하기 때문에 감정이 무엇인지 알기 어렵다. 이러한 문제를 해소할 수 있는 방법을 틱낫한이 《자유로의 발걸음Stepping into Freedom》(국내 미출간)에서 이야기했다.

"감정은 바람 부는 하늘의 구름처럼 왔다가 사라져버린다. 나의 닻은 의식적인 호흡이다."

무의식적인 호흡은 그만두고 의식적으로 호흡을 하면 감정이 닻을 내리게 된다. 내 감정의 정체를 본 나는 안다.

제임스 A. 러셀 James A. Russel 미국 심리학자. 감정에 대한 연구로 유명함. 《감정의 심리적 구성(The psychological construction of emotion)》(공저) 등 저술.

39

행복의
외적 요인과 내적 요인

～

내가 어떡해야 행복한지 유심히 살펴본다

건강하게 살려면 뭘 해야 할까? 운동, 휴식, 진료, 영양 보충 등 답이 금방 나온다. 그러면 행복하게 살려면 뭘 해야 할까? 답이 금방 나오지 않는다. 사람은 행복 문제에 참 게으르다. 행복을 그렇게 원하면서도 자기 행복의 재료가 무엇인지 좀처럼 생각하지 않는다.

사실 게으른 이유가 있기는 하다. 행복에 대해 생각하는 건 어렵기 때문이다. 그래서 도와주는 사람이 필요하다. 불교 승려 마티유 리카르가 《행복, 하다》에서 좋은 제안을 했다. 자기가 행복해하는 이유를 찾는 법이다.

> "혼자 조용히 시간을 보내면서 생각해 보세요. 무엇이 나를 진정으로 행복하게 만드나요……. 행복이 외부 환경에서 온다면 그 행복의 원천이 지속될지 아닐지 따져봅니다. 행복이 마음 상태에

서 온다면 그것을 어떻게 더 키울 수 있을지 생각해 보세요."

나누어 생각하면 답이 어렵지 않다. 먼저 행복의 외부적 원천을 생각해 보자. 어떤 환경이나 조건이 나를 행복하게 만드는가. 예를 들어 이렇게 정리할 수 있다.

행복의 외적 요인 사회적 인정, 성공한 커리어, 매달 들어오는 월급, 괴로울 때 마시는 술, 스트레스를 없애주는 맛있는 음식, 아직은 건강한 몸, 옷과 자동차, 친구 관계, 가족

위와 같은 정리가 첫 단계다. 둘째 단계는 그것들 중에서 오래 지속될 것과 곧 사라질 것을 구별하는 과정이다. 사람들이 나를 오랫동안 인정해 줄까. 월급은 얼마나 지속될까. 이렇게 무분별하게 마시고 먹는데도 건강은 계속 유지될까. 옷과 자동차는 몇 개월 동안이나 나를 행복하게 할까. 혹여 곧 사라질 것에 내 행복을 의존하면 위험하다. 오랫동안 지속될 가족이나 친구들에게서 내 행복을 찾는다면 비교적 안전하다. 이제 행복의 내적 원인을 정리해 보자.

행복의 내적 요인 새벽 6시의 고요, 그분들에게 느끼는 감사, 그 친구와의 우정, 그 사람과 나누는 사랑, 낙관하고 희망하는 마음

고요함에서 행복을 느끼는 사람은 고요함을 더 자주 느끼도록 노

력하는 게 좋다. 사랑과 우정과 낙천성도 배양하면 난 더 행복해진다. 어떡해야 그 좋은 감정들을 더 자주 느끼고 계속 키울 수 있을까. 거기서 나온 답으로 행복을 증진시킬 수 있다.

사람은 모두 행복을 원하면서도 무심하다. 자신이 어떤 경우에 행복해하는지 차분히 살펴보지 않는다. 나의 마음에 민감해져야 한다. 그것은 행복한 삶을 살아야 할 나의 의무다. 그리고 종종 나 자신에게 물어보자. "어떤 환경, 어떤 감정이 나를 행복하게 만들지? 그 환경과 감정은 어떡해야 만날 수 있지?" 이런 질문에 답하다 보면 나의 마음에 더 민감해질 수 있다.

마티유 리카르 Matthieu Ricard 프랑스 출신의 티베트 불교 승려. 전직 과학자로서의 경력을 포기하고 티베트 불교 승려가 됨. 《티베트 지혜의 서》《이타심》 등을 저술.

물건도 사람도
설레임이 버리기의 기준

누가 가슴을 설레게 하는지 나에게 물어본다

정리 컨설턴트라는 직업이 있다. 비즈니스 컨설턴트, 법률 컨설턴트, 회계 컨설턴트가 제각기 그 분야에서 전문적 조언을 제공하듯이 정리 컨설턴트는 집안에 쌓여 있는 물건을 어떻게 정리 정돈할 수 있는지 방법을 알려준다.

일본 작가 곤도 마리에는 세계적으로 유명한 정리 컨설턴트다. 그의 저서 《정리의 힘》에서 말하길 완벽한 정리에는 두 가지 원칙이 있다. 그것은 버리기와 자리 정하기다.

무엇보다 물건을 버려야 엉망이건 제대로건 정리 정돈을 할 수 있을 텐데, 사실 버리기부터가 참 어렵다. 무엇을 버려야 할지 결정하지 못해서, 우리는 낡고 사용하지 않는 물건들로 집안의 절반 정도를 채우고 비좁게 살아간다.

곤도 마리에는 버리기의 기준으로 설레임을 제시한다. 설레임을 일으키는 물건들은 간직하고 설레임이 없는 물건은 가차 없이 버리라는 말이다. 손으로 하나하나 만져보면 설레이는지의 여부를 감별할 수 있다고 곤도 마리에는 말한다. 설레임이 손끝에서 마음으로 흘러 들어가면 그 물건은 보관해야 한다. 그런데 물건만 그런 게 아닌 것 같다. 사람도 설레임을 기준으로 나누고 관리하는 게 가능하다.

성장은 소유물뿐 아니라 아는 사람이 늘어가는 과정이다. 태어나서는 엄마 아빠 등 가족이 세상의 전부지만 자라면서 점차 범위를 넓혀 친구, 선생님, 이웃을 알게 된다. 또 아이돌과 SNS 친구와 롤모델을 정하고, 연인과 직장 사람들까지 관계를 맺게 되면 이제 다 자란 것이다.

그런데 문제가 생긴다. 집안에 쌓여 있는 물건들처럼 지인들도 쌓이면 불편을 넘어서 고통의 원인이 될 때가 있다. 사람이 겪는 고민의 대부분은 인간관계에서 비롯된다. 사람에 대한 마음 관리를 못하면 삶의 고통은 갈수록 커진다.

"이 사람은 나를 설레게 하는 사람인가?"

크게 복잡하지 않은 해결책이 있다. 틈틈이 사람들을 분류해두면 불편과 고통이 줄어든다. 누군가 내 머리에 자꾸 떠오른다고 하

자. 그러면 자신에게 질문한다. "이 사람은 나를 설레게 하는 사람인가?" 나를 괴롭히는 클라이언트라면 설레게 하지 못한다. 그러면 배제 대상이다. 고마운 친구이거나 사랑하는 사람이라면 마음이 설렌다. 당연히 보관 대상이다.

물론 사람은 낡은 물건처럼 폐기하거나 버릴 수 없다. 싫더라도 사회적 관계를 다 끊을 수 없는 게 현실이다. 하지만 폐기가 아니라 격리의 방법은 있다. 잘 쓰지 않는 스마트폰을 절전 모드로 전환하듯이, 사람들을 절전 리스트로 분류하는 것이다. 그렇게 격리된 사람들에게는 최대한 마음을 쓰지 않는다. 에너지 소비를 적극적으로 피한다. 그러면 인간관계의 스트레스에서 한발 탈출할 수 있다.

"나를 설레게 하는 사람은 누구지?"

반대의 일도 해야 한다. 나를 설레게 하는 사람들을 찾아내서 더욱 마음을 쏟는다. 이렇게 자주 나에게 물어보는 게 행복해지는 길이다. "나를 설레게 하는 사람은 누구지?" "설레는 사람이 갈수록 줄어들고 있는 건 아닌가?" 긴장감 또는 경각심을 일으키는 질문들이다.

끝으로 기억해야 할 게 있다. 나를 설레게 하는 사람을 선별하려면, 내 마음의 떨림을 세밀하게 느껴봐야 한다. 예민하고 섬세한 사람이 좋은 사람을 놓치지 않는다. 곤도 마리에의 다른 책《수다스러운 방》은 이런 문장들로 시작된다.

"내게는 아무한테도 말 못 한 비밀이 있다.
방에 있는 물건들의 목소리가 들리는 것이다.
옷과 신발, 책과 가구가 모두 말을 걸어온다."

비록 버려질 물건이라도 사연이 있고 메시지가 있다. 많은 추억이 옷과 신발, 책과 가구 같은 물건에도 저장되어 있다. 집안 물건들의 목소리에 귀를 기울이는 시간은 상상력이 풍부한 사람에게는 기쁘고도 아련한 시간이 되리라.

곤도 마리에 Kondo Marie 일본의 정리수납 전문가, 작가, 방송 진행자. 넷플릭스 프로그램 〈곤도 마리에: 설레지 않으면 버려라〉를 통해 이름을 알림.

41

흩어진 영혼을
하나로 만드는 눈물

울고 싶을 때 우는 것도 용기고 행복이다

가족과 친구들은 함께 웃으며 친해진다. 하지만 웃음보다 더 친밀하게 만드는 게 눈물이다. 함께 울고 나면 나중에 아무리 멀리 떨어지더라도 기억에서 지울 수 없는 존재가 된다. 다음은 미국 작가 수전 케인이 《비터스위트》에 소개한 사례다.

열네 살 소녀가 할아버지 장례식에 참석했다. 할아버지를 기리는 합창단의 아름다운 노랫소리가 울려 퍼졌다. 그때 소녀는 아빠가 흘리는 눈물을 처음 봤다. 슬퍼하는 아빠의 모습은 소녀의 '마음에 영원히' 새겨졌다.

소녀의 감정은 복잡할 수밖에 없었다. 크고 강하고 용기 넘치는 아빠에게도 눈물이 있다는 사실에 놀랐을 것이다. 아빠에 대한 마음이 달라졌을 법하다. 아빠가 가여웠으며, 안아주고 싶었을 것이다. 이런 놀람, 연민, 사랑의 감정을 일으킨 것은 바로 아빠의 눈물이다.

그리고 소녀에게는 또 다른 잊지 못할 기억이 있다. 그건 반려동물의 안락사다. 당시 소녀는 물론이고 소녀의 아빠와 오빠까지 커다란 슬픔으로 숨이 막힐 지경이었다. 그러나 슬픔을 함께 경험하면서 가족의 영혼이 하나가 되었다. 매일 아웅다웅하는 남매도 슬픔의 감정 앞에서는 영혼이 하나가 된다. 슬픔은 동질성을 느끼고 서로 이해하게 만드는 하나의 감정이다.

이 사례의 교훈은 분명하다. 사랑하는 사람 앞에서 눈물을 흘리라는 것이다. 눈물 담은 눈이 영원히 기억되고 흩어진 영혼들을 하나로 만든다. 울음을 눌러 참는 건 방패를 추켜올리는 것과 같다. 접근하지 말라는 뜻이다. 울음을 터뜨리는 건 양팔을 벌리는 것과 같다. 안아 달라는 뜻이다.

유명한 이야기 중에도 눈물로 끝나는 것이 많다. 주인공이 울어야 이야기가 관객이나 독자의 가슴에 새겨진다. 〈로미오와 줄리엣〉의 주인공이 비통하게 울지 않았다면 이 이야기를 기억할 사람은 많지 않을 것이다. 수명이 다한 로봇이 눈물을 흘리는 〈블레이드 러너〉도 슬퍼서 기억에 남는다. 크리스마스 즈음 길거리에서 숨을 거두는 성냥팔이 소녀 이야기와 아낌없이 자신을 희생한 행복한 왕자의 이야기도 참기 힘들게 눈물겹다.

"슬픔이가 연민을 자극해 사람들의 관계를 돈독하게 이어준다."

눈물은 공통의 기억을 만들고 마음을 녹여 하나로 만든다. 혼자 살 수 없는 인간에게 그보다 더 큰 행복은 많지 않다. 적절한 상황에 적절히 눈물을 흘리는 사람이 세련되고 섬세하다.

행복러의 넛지 ☺

수전 케인 Susan Cain 변호사로도 활동한 미국의 작가이자 강연자로 프린스턴과 하버드대학교 법학과를 우등생으로 졸업함.《콰이어트》등을 저술.

42

바람이 많을수록
커지는 괴로움

∽

고통의 근본적인 이유를 세밀히 분석한다

섭세한 사람은 자신이 언제 왜 괴로운지 안다. 둔감한 사람은 괴로운지도 모르고 괴로워한다. 우리는 어떤 때 괴로운가. 다른 게 아니라 원하는 걸 얻지 못했을 때 인간은 괴롭다. 바람과 현실의 불일치가 괴로움을 낳는다. 세계적 베스트셀러 작가인 유발 하라리도 오랜 숙고 끝에 그걸 알아냈다. 다음은 하라리의 《21세기를 위한 21가지 제언》에서 인용했다.

"내가 깨달은 가장 중요한 것은 괴로움의 가장 깊은 원천은 바로 내 마음의 패턴이라는 사실이다. 내가 어떤 것을 원하는데 그것이 일어나지 않으면, 내 마음은 괴로움을 만들어 반응한다. 괴로움은 외부 세계의 객관적 조건이 아니다. 그것은 내 마음이 만들어내는 정신적 반응이다. 이 사실을 아는 것이 더 많은 괴로움을 일으키지 않는 첫걸음이다."

메시지는 분명하다. 괴로움은 바람이 이뤄지지 않아서 생긴다. 이 사실만 기억해도 삶의 괴로움이 줄어든다. 단순해 보이지만, 유발 하라리도 괴로워하는 자신을 오랫동안 세심히 관찰한 후에 겨우 찾아낸 결론이리라. 우리에게도 적용해 보자.

큰 괴로움이 닥치면 스스로 물어보면 좋을 것 같다. 내가 폭풍우 속에서 우산을 쓰고 있는 것은 아닌지 자문해 본다. 폭우 앞에서 내 몸이 뽀송뽀송할 수는 없다. 다음날에도 괴로워서 못 견디겠으면 내가 그림자보다 빨리 뛰려고 하지는 않았는지 물어본다. 내가 그림자를 이기는 일은 우주 어디에서든 불가능하다. 애초에 실현 불가능한 바람을 품으면 인생이 매일매일 괴롭다.

내 바람에 걸맞게 노력하지 않으면 삶이 괴롭다. 물고기를 잡고 싶으면 미끼를 끼워 낚시대를 드리워라. 복권에 당첨되고 싶으면 먼저 복권을 사라. 당연한 노력도 안 하고 바람이 이루어지기를 원하는 사람은 괴로움을 예약한 것이나 다름없다.

욕심쟁이 인간의 바람은 종류도 다양하다. 먼저 육체적 바람이 있다. 허기를 달래고 따뜻하고 편안하기를 원하는 마음이다. 또 정서적 바람도 있다. 희망, 기쁨, 안정감, 행복감 등 긍정적 정서를 느끼고 싶어 한다. 물질적 바람도 없을 수 없다. 돈과 재산을 늘리고 싶어 한다. 그 다음은 사회적 바람이다. 사람은 만남과 사교를 통해서 사회적 인정을 받고 영향력도 행사하고 싶어 한다.

인간은 참 많은 걸 바란다. 동물은 생존과 번식의 본능만 있는데, 인간은 세상 온갖 것을 다 바란다. 그러니 그만큼 더 괴롭다. 무수한 욕심을 품고 있지는 않은지 자신을 돌아보자.

바라는 것이 너무 많거나, 바람이 비현실적이거나, 바람을 이루기 위한 노력을 하지 않을 경우, 괴로움은 더 커진다. 현실적인 바람과 그에 합당한 노력이 괴로움을 줄여준다. 손으로 구름을 잡으려고 뛰어다녀서는 안 되고, 씨앗을 뿌리지 않고 가을걷이를 나가서도 안 되는 것이다. 현실적 바람과 합당한 노력, 그 기본 두 가지만 기억해도 행복 가능성은 한결 높아질 것 같다.

행복러의 넛지 😊

유발 하라리 Yuval Harari 이스라엘의 역사학자로 현재 예루살렘 히브리 대학교 역사학과 교수. 《사피엔스》《호모 데우스》 등을 저술.

★ ☀ ☆

유발 하라리는 《사피엔스》에서 행복의 조건에 대해 이렇게 말했다.

"무엇보다 중요한 사실은, 행복이 부나 건강, 심지어 공동체 같은 객관적 조건에 전적으로 좌우되는 것은 아니라는 점이다. 행복은 객관적인 조건과 주관적 기대 사이의 상관관계에 의해 결정된다. 당신이 손수레를 원해서 손수레를 얻었다면 만족하지만, 새 페라리를 원했는데 중고 피아트밖에 가지지 못한다면 불행하다고 느낀다."

'객관적 조건과 주관적 기대의 상관관계'가 행복을 바로 설명하는 키워드다.

절망을 극복하는
빛 찾기

내 어두운 삶에 비치는 밝은 빛을 세심히 관찰한다

시드니는 열일곱이 되던 해 교통사고를 당했다. 사고를 낸 운전자는 음주 상태였으나 가벼운 처벌을 받았고 부상도 가벼웠다. 그런데 피해자 시드니는 10년이 지나서도 여전히 통증에 시달리고 있다. 아무 잘못도 없는 자신이 더 다치고 더 오래 고통받는 게 억울해서 견디기 힘들다. 심리치료사 셰리 반 디크가 《마음 챙김과 감정 치유》에서 소개한 20대 여성의 이야기다.

시드니는 경제적 어려움을 겪고 있다. 스물일곱 살이 되었지만 부모님 집에 얹혀 산다. 자신이 돈을 벌고 있지만 한참 부족하다. 통증이 있어 풀타임 일을 하기 어렵다. 물리 치료 등 의료비도 적지 않은데 보험 회사는 수년 전부터 치료비 지급을 중단했다.

이렇게 현재가 힘들수록 시드니는 과거를 더 많이 후회하게 된다. 사고가 났던 열일곱 살의 그날 그곳에 가지 않았다면 사고는 없었을 테고 삶이 망가지는 일도 없었을 거라면서 가슴을 치는 날이 많다. 재판에 대한 후회도 많다. 자신의 부상 정도를 좀 더 명확히 밝혔어야 했고 더 유능한 변호사를 썼어야 했다. 그랬다면 더 많은 보상금을 받았을 것이다.

과거도 싫고 현재도 싫지만 시드니는 미래에 대한 걱정이 더 크다. 이대로라면 연인을 사귈 수도 없고 아이를 갖는 것도 불가능할 것만 같다. 또 평생 부모님 집에서 나갈 수가 없고 경제적 의존도 피할 수 없을 게 분명하다. 무능력하고 외롭게 늙는 자신을 상상하면 시드니는 무섭다.

고통받는 시드니에게 어떤 조언을 할 수 있을까. 셰리 반 디크는 현재에 집중하는 것이 해결책이라고 말한다. 머릿속에서 과거를 지우고 미래도 삭제한다. 오직 현재만 남겨서 집중하는 것이다. 현재에 집중하면 자신의 행동과 생각에 대한 통제력이 생긴다는 게 심리치료사의 설명이다. 또 긍정적 감정이 커지면서 자기 자신과 주변 사람에게 너그러워진다고 한다.

물론 훌륭한 조언이다. 현재에 집중하면 마음의 중병도 치유되고 희망도 생긴다고 많이들 말한다. 그런데 그것만으로는 부족하지 않을까. 절망이 너무 깊은 시드니에게는 다른 처방도 필요할 것 같다. 이를테면 자신의 삶을 비추는 빛을 찾아보라고 이끌면 될 듯싶다. 시드니는 하늘을 뒤덮은 먹구름만 보고 있을 뿐 먹구름 사이로 비치는 빛은 보지 못하고 있다. 그 옅은 빛에 주목하면 시드니의 마음을 치유할 계기가 생길 수 있다. 예를 들어 시드니가 다친 건 어둠이지만 밝은 빛도 있다. 다쳐서 평생 침대에 누워 있는 사람도 많은데, 파트타임 일 정도는 할 수 있으니까 그나마 행운이다.

또 시드니는 충분한 치료비와 보상금을 못 받은 것도 한탄스럽다. 그것은 어둠이다. 그래도 5년 이상 치료비를 받을 수 있었다. 세상에는 뺑소니 사고도 많고 재판에 지는 억울한 피해자도 있다. 그나마 시드니가 최악은 아니지 않은가.

시드니는 부모님에게 얹혀 사는 자신을 한심스럽게 생각하지만 다르게 생각하면 오히려 운이 좋은 것 아닌가. 사랑하는 부모님이 아직 건강하고 정성껏 자신을 돌봐준다는 건 불행 중 다행이다. 이 또한 그녀의 삶에 비치는 빛줄기다.

고통받는 사람은 어둠 속으로 숨어든다. 자신을 비추는 빛이 아예 없다고 부정한다. 하지만 먹구름이 뒤덮은 하늘에도 빛은 있다. 유심히 살펴보면 암흑 같은 시드니의 삶에도 분명 밝은 빛이 보인다. 과거를 후회하고 미래를 두려워하다가 삶을 허비하게 될지도 모른다. 절망적일수록 자기 삶의 빛을 정성껏 세심히 찾아야 한다. 빛을 찾지 않으면 우리는 절망의 어둠 속에 빠져들지 모른다. '나의 빛 찾기'가 절망을 극복하는 아주 좋은 방법이다.

셰리 반 디크에 따르면 사람들은 이상한 공상에 곧잘 빠진다고 한다. 예를 들어 운전하며 교량 위를 달릴 때면 '내가 다리 아래로 떨어질지 모른다'라는 생각을 하기도 한다. 또 열차가 달려오는 플랫폼에서는 자신이 기차로 뛰어드는 장면을 머리에 그리는 사람도 있다.

내가 안심한 이유는 두 가지다. 나만 그런 이상한 생각을 하는 줄 알았는데 다들 그렇다니 얼마나 다행인가. 또 그런 기이한 생각이 들어도 웃으며 무시한다면 건강하다고 하니, 그 또한 안심이다. '내가 왜 그런 괴상한 생각을 하게 되었을까?'라며 집착하거나 고통스러워하지 않으면 괜찮다.

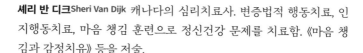

셰리 반 디크 Sheri Van Dijk 캐나다의 심리치료사. 변증법적 행동치료, 인지행동치료, 마음 챙김 훈련으로 정신건강 문제를 치료함. 《마음 챙김과 감정치유》 등을 저술.

극한의 슬픔을
물리치는 법

슬픔은 사람을 죽일 수 없다

극한의 슬픔을 어떻게 이겨낼 수 있을까. 자녀를 잃고 비통해하다가 슬픔을 끌어안고 다시 일어선 부부 이야기다.

2019년 6월 12일 오후 10시 45분에 일어난 일이다. 미국인 부부와 10대 자녀가 타고 있던 차의 뒷문을 다른 차량이 들이받았다. 이 안타까운 사고로 두 아이가 세상을 떠났고, 부모만 살아남게 되었다.

열네 살짜리 아들 하트는 친절한 성품을 가졌다. 유머 감각도 뛰어나고 재미있는 이야기를 잘해서 사람들을 즐겁게 해주었다. 덕분에 친구들도 많았다. 또 사람들 말에 귀 기울이고 감정을 깊이 이해했다.

당시 열일곱이었던 딸 루비는 몇 해 동안 자살 충동으로 고통받았다. 강박 장애에 따른 우울증과 자기혐오가 루비를 위태롭게 했다. 그래도 치료를 포기하지 않았다. 수년 동안 십수 가지의 약을 먹었고 다섯 명이 넘는 치료사를 만났으며 두 번 입원했고 여러 치료법을 시도했다. 다행히 고생한 보람이 있었다. 고맙게도 아이의 우울증은 줄어들었고 훨씬 밝아졌다. 루비는 결국 자신의 삶을 사랑하게 되었는데, 슬프게도 그즈음에 교통사고가 났다.

사랑하는 아이들의 생명을 술 취한 운전자가 빼앗아 갔다. 엄마와 아빠만 살아서 죽음과 같은 삶을 살게 된다. 부모의 세상은 완전히 무너졌다. 아이들이 연기처럼 사라진 후 휴일과 여행, 크리스마스도 사라졌다. 삶의 모든 기쁨이 단 한순간에 증발해버린 것이다. 부부는 더 이상 희망을 믿지 않게 되었다. 세상이 더 좋아진다거나 사람들이 선하다는 믿음 같은 것들은 아예 산산조각이 났다.

그렇게 의미와 기쁨과 희망을 모두 잃었던 부부가 4년 후 세상에 나왔다. 그것도 사회의 주목을 받으며 목소리를 냈다. 남편인 콜린 캠벨이 《단어 찾기Finding the Words》라는 책을 냈는데, 여기에는 부부가 슬픔을 어떻게 겪어냈는지에 대한 이야기로 가득하다. 극한의 슬픔은 세 가지 감정을 낳았고, 부부는 그것을 물리쳐야 했다.

부부가 이겨낸 첫 번째 감정은 두려움이었다. 슬픔은 두려움을 낳는다. 슬픔이 시작되면 끝없는 통증과 울음이 시작될 게 분명했다. 무섭지 않을 수 없다. 피하고 싶어진다. 부부는 아이들의 사진도 기피했다. 슬픔이 너무 무서워서, 자기도 모르게 아이들에게서 달아나려고 했다. 그런 자기 모습을 깨달은 부부는 마음을 다잡았다. 두려움을 이겨낼 용기가 있다는 걸 두 아이의 영혼에게 보여주기로 한 것이다. 그렇게 두려움 극복이 시작되었다.

슬픔은 분노도 낳는다. 세상 그 무엇하고도 바꿀 수 없는 자녀를 술에 취한 자가 빼앗아 갔다는 사실을 생각하면서 얼마나 큰 분노가 치밀어 올랐을까. 아이들이 없어도 잘 돌아만 가는 이 세상이 얼마나 원망스러웠을까. 슬픔이 낳은 분노를 어떻게든 표출해야 견딜 수 있었다. 하지만 누군가를 다치게 할 수는 없었다. 아내 게일은 터질 것 같은 분노를 일기를 쓰면서 표출했고, 서서히 마음을 다스렸다.

슬픔에서 죄책감도 생긴다. 아이들은 떠났는데 부모만 살아남은 것이 슬프고 미안하고 죄스러울 수밖에 없었다. 죄책감을 지울 수는 없었다. 다만 삶과 죄책감이 함께 갈 수 있다는 사실을 깨달은 후, 부부는 죄책감을 끌어안고 살게 되었다. 아무리 슬프고 미안해도 삶은 계속되어야 했다. 어떤 경우라도 삶에 '예스'라고 말해야 한다는 걸 부부는 배웠다. 고통에 찬 슬픔의 시간을 보내면서 부부는 아무리 큰 슬픔도 사람을 죽일 수 없다는 사실을 깨닫게 된다.

"슬픔 때문에 마술처럼 죽는 사람은 없다."

《단어 찾기》에 나오는 인상 깊은 문장이다. 이야기 속의 주인공은 슬픔 때문에 죽는다. 현실의 사람들도 큰 슬픔을 죽음처럼 두려워한다. 하지만 슬픔의 거칠고 잔인한 파도는 언젠가 끝난다. 마음만 먹으면 파도 하나하나에 올라탈 수도 있다. 가장 소중한 것을 잃고 의미와 기쁨과 희망까지 다 빼앗긴 사람도 결국 살아가게 된다.

자녀를 잃은 부부가 삶을 끝낼까 봐 염려하는 주변 사람들도 많았다. 하지만 부부는 이미 큰 슬픔을 겪은 가족과 친구들에게 그런 고통을 줄 수는 없었다. 또 자살 충동을 이겨내고 건강해졌던 딸과 항상 밝았던 아들에 대한 배반이라는 생각으로 버텼다. 그리고 알고 싶었다. 죽지 않고 살아가면서 슬픔을 어떻게 견뎌낼 수 있고, 행복한 추억으로 어떻게 고통을 이겨내고, 사랑이 죽음을 어떻게 초월하는지 알고 싶었다.

많은 사람은 거대한 슬픔을 겪으면 감각이 무뎌진다. 생각을 회피하거나 슬픔 속으로 몸을 던지거나 술독에 빠진다. 보통은 세월이 오래 지나도 회복하기 힘들다. 그러나 캠벨 부부는 고통 속에서도 감각을 예민하게 유지해서 해답을 찾아냈다. 두려움, 분노, 죄의식, 슬픔 등의 감정을 외면하지 않고 하나하나 대면하며, 극복하거나 포용하는 방법을 알아냈다. 예민하고 섬세한 태도가 그들을 구했다.

행복러의 넛지

콜린 캠벨Colin Campbell 미국의 가장. 두 자녀를 술에 취한 운전자에게 잃은 후, 적극적으로 애도하는 방법을 제안하는 책 《단어 찾기(Finding the Words)》를 저술.

손미나

45

완벽주의 대신
적절주의

일만 하면 섬세한 정신이 무너진다

한 여성이 동남아 고급 리조트의 스위트 빌라에서 아침을 맞고 있다. 기분 좋은 새소리가 들리고 멀리 수평선의 오묘한 빛깔이 눈동자에 가득 비친다. 행복하지 않을 수 없을 것 같다. 그런데 그는 '나락으로 곤두박질치는' 기분에 사로잡히고 말았다. 그 아름다운 아침 황홀한 풍경 앞에서 '행복하지 않다'고 뼈아프게 자각했기 때문이다.

그 고통을 겪은 사람은 손미나 작가이다. 《어느 날, 마음이 불행하다고 말했다》에서 회고하기로, 그날은 실로 완벽했다. 가족 모두 건강하고, 많지는 않지만 돈도 모았고, 괴로움이 컸던 사업도 과감히 정리했고, 데이트를 청하는 남자들도 있었고, 파라다이스 같은 휴양지로 여행까지 왔다. 그런데 자신이 행복하지 않다는 뼈아픈 자각을 하고는 혼란에 빠져들었다.

나락으로 곤두박질치는 듯한 불행감의 원인은 무엇일까. 손미나 작가는 정신과 마음의 불균형을 그 이유로 꼽았다. 성취 지향의 정신과 기쁨 지향의 마음 중에서 전자만을 오랫동안 돌봐왔던 게 문제였다.

스스로 밝혔듯이 손미나 작가는 평생 계획하고 노력하고 성취하는 삶을 지향했다. '남다른 성실함, 인내심, 최선을 다하는 태도'를 자신에게 요구하며 너무 많은 짐을 지웠다. 그 결과 내면의 균형이 무너졌고 천국 같은 휴양지에서 추락의 공포를 느꼈다. 손미나 작가는 책 말미에 그의 스승에게서 배운 깨달음을 이야기한다.

"마음의 평정을 찾으면 바깥세상에서 어떤 일이 벌어지든, 남들이 나를 어떻게 평가하든, 지구상 어디에 있든 진정한 행복 안에서 살아갈 수 있어요. 그리고 그것은 자기 자신에게조차 무리한 요구를 하지 않으며 모든 것을 물 흐르듯 자연스럽게 놓아주고 바라보면서 사랑하는 일에서 시작될 수 있습니다."

마음의 평정이 진정한 행복을 가능하게 한다. 그 출발은 자신에게 무리한 요구를 하지 않고 놓아주는 것이다. 철두철미하게 계획하고 인내하고 노력해서 빛나는 것을 성취하려는 욕망, 그것을 적절히 제어해야 마음의 평화와 행복이 온다. 고개를 끄덕이게 할 만큼 설득력이 높다.

미국 하버드대학에서 행복론을 공부한 한 남성도 손미나 작가와 비슷하게 경험하고 깨달았다. 주인공은 작가 탈 벤 샤하르이다. 저서에서 회고한 바에 따르면 20대 때 그는 욕심과 능력이 특출난 청년이었다. 그는 일벌레였다. 하루 12시간씩 일을 했다. 사회적 성공을 위해 사교도 소홀히 하지 않았다. 시간과 체력과 에너지를 아낌없이 쏟았다. 워라벨이라고는 전혀 없는 삶이었다. 하지만 샤하르는 일과 삶의 불균형에 불만은커녕 기쁨을 느끼면서 살았다. 그런데 결혼하고 아이들이 태어난 후에는 여건이 달라졌다. 하고 싶거나 해야 할 일을 할 수 없게 되었다. 샤하르는 "자신의 가정과 일 양쪽에서 갑작스레 좌절감을 느꼈다"고 한다. 이루고 싶은 게 많았고 경험하고 싶은 것도 많았지만 시간이 부족했던 것이다.

그래서 그는 치밀하게 분석해서 자신의 삶을 영역별로 나눠보기로 했다. 자신에게 중요한 삶의 영역은 다섯 가지였다. 부모, 남편, 직장인, 친구, 개인으로서 그는 살고 있었고, 그 다섯 가지가 모두 중요했다. 그렇게 다섯 가지 삶의 영역을 다 지켜내기 위해서 삶의 원칙을 바꾸기로 결심했다. 그가 완벽주의를 버리고 대신 선택한 것은 '괜찮은 정도'의 삶이었다. 말하자면 완벽주의 대신 적절주의를 택한 것이다.

일은 12시간이 아니라 8시간 정도만 했다. 직장에서 기회를 일부 잃어도 어쩔 수 없다고 생각했다. 또 마음 같아서는 매일 90분씩 요가를 하고 싶지만, 일주일에 두 번 60분씩으로 줄였다. 달리기 시간도 줄였다. 친구를 만나는 것도 일주일에 한 번으로 조정했다. 그렇게 해서 남기고 모은 시간은 가족들과 지냈다.

달 벤 샤하르는 그렇게 완벽이 아니라 괜찮은 정도만 지향하는 여유로운 사람으로 바뀌었다. 그 결과는 놀라웠다. 하고 싶은 일을 못해서 느꼈던 낡은 좌절감이 새롭고 신선한 만족감으로 대체되었다. 불만이 줄어들고 에너지가 넘치고 집중력도 높아졌다. 만족감과 에너지와 집중력이 높다면 그것이 바로 행복이다. 그 모두 완벽주의를 버리고 적절주의를 택해 살기로 결심한 덕이다.

잘 알겠지만 역설은 모두 거머쥐려고 발버둥 쳐봐야 더 잃는다는 것이다. 모든 걸 놓아줘 물 흐르듯이 흐르게 해줘야 한다. 가끔 기회를 잃어도 어쩔 도리가 없다고 생각하는 게 좋다. 무거운 삶의 짐을 졌던 손미나와 탈 벤 샤하르, 섬세한 두 사람이 그렇게 말해준다.

행복러의 넛지 :)

손미나 KBS 아나운서 출신으로 《허프포스트코리아》 편집인, 여행 작가, 소설가, 유튜브 크리에이터 등으로 활동함. 《스페인, 너는 자유다》《괜찮아, 그 길 끝에 행복이 기다릴 거야》 등을 저술.

★ ☀ ☆

손미나 작가는 주로 여행 이야기를 쓰는데 《내가 가는 길이 꽃길이다》에 몰디브 여행에서 만난 친구와의 이야기가 나온다.

이탈리아 의사인 친구가 물었다. "미나야, 행복하니?" 손미나 작가는 예스라는 답을 쉽게 하지 못해 스스로 충격이었고 비행기에서 한숨도 못 잤다고 한다.

"행복하니?"라는 질문은 본래 답하기 어렵다. 각 개인의 내면을 돌아보게 만들기 때문이다. 그리고 나의 마음이랄까 영혼을 노출하는 것이기 때문에도 어렵다.

여러분은 "행복하니?"라는 질문에 뭐라고 답하겠는가. 나 같으면 세 가지 답 중에서 하나를 골라 말할 것 같다. "행복해야 하나?" "가끔 행복하고 자주 불행하다." "잦은 불행감에서 빠져나오는 마법을 익히고 있다."

마비된
감동 세포 깨우기

서른이 넘어도 설레는 삶을 살 수 있다

청춘은 서른 정도에 끝난다. 그즈음부터 활력, 경이, 격정이 점점 옅어져서 인생은 지루해지기 시작한다. 추리 소설 작가 애거서 크리스티도 그 물증을 남겼다. 그는 70대 노인이 되어서 자서전을 냈는데, 그 구성이 무척 흥미로웠다.

애거서 크리스티 자서전은 나이대별로 페이지수가 큰 격차를 보인다. 어릴 때부터 33세까지는 1년의 사건을 10페이지 정도에 담았는데, 30대부터 그 페이지 수가 점점 줄어들다가 55세에서 75세까지는 1년의 사건을 기껏 한 페이지 남짓에 압축해서 구겨 넣었다. 그러니까 애거서 크리스티에게 강렬한 기억이 많았던 시절은 30대 초반까지였다. 그 이후로는 점점 지루해지다가 노년의 삶은 기억할 것도 이야기할 것도 많지 않은 무채색 시간이었다.

애거서 크리스티만 그런 게 아니다. 대부분 사람들이 비슷하다.

예를 들어서 "당신 인생에서 가장 재미있고 감동적이고 놀라운 일은 몇 살 때 일어났나요?"라는 질문을 하면 사람들은 뭐라고 답할까. 15세에서 30세 사이라고 답할 확률이 가장 높다.

덴마크의 행복 연구자인 마이크 비킹은 《행복의 감각》에서 이런 현상을 '회고 정점Reminiscence Bump'이라는 개념으로 설명한다. 40대 이상이 되어서 인생을 회상하면 강렬한 추억들이 급증하여 정점에 이르는 나이대가 있다. 그 나이대가 15세에서 30세 정도까지다. 보통 이때가 가장 기쁘고, 재미있고, 감동적이다. 가장 활력이 넘치고 경이로운 경험도 많이 한다. 젊음의 시기인 것이다.

왜 청소년기와 성년 초기에 더 기억할 게 더 많을까. 마이크 비킹의 설명으로는 첫 경험의 시기이기 때문이다. 보통은 그 시절에 사랑도 처음 해본다. 처음으로 손을 잡거나 키스하는 일도 서른 이전일 가능성이 크다. 첫 직장을 갖게 되면서 처음으로 가정을 꾸릴 수도 있다. 그렇게 새로운 첫 경험이 많기 때문에 15세에서 30세까지 기쁜 기억이 많은 것이다. 그 좋은 시절의 최고점은 스무 살이다. 기쁘거나 강렬한 기억은 열다섯부터 늘다가 스물에 최고점을 찍은 후에 점점 줄어든다.

그러니까 서른 살 전후에 무료해지는 이유가 밝혀진다. 새로운 경험이 적기 때문이다. 서른 살이 넘어서는 대체로 과거를 재방송하는 경험을 겪는다. 그래서 재미가 없고 기억할 것도 적어지는 것이다. 재방을 넘어서 삼방 사방의 시기인 노년에는 재미도 추억도 더 줄어든다.

바꾸어 생각해 보면 활력 넘치는 삶의 비결을 알 수 있다. 새로운 경험을 찾는 것이다. 악기를 익히고 그림을 그리고 춤을 배운다. 한 번도 가보지 않은 카페에 들어가 앉는다. 배우자의 손을 덥석 잡거나 존댓말을 써서 관계를 바꿔본다. 새로운 산책로를 찾는다. 몰랐던 사람과 대화한다. 난생처음 쭈뼛쭈뼛 미술관에 가본다. 영화제 수상작을 찾아다니면서 관람하거나 인상깊은 OST를 구매해 들어본다. 매일 불확실성을 받아들인다. 그렇게 나를 새로운 경험에 노출해서 마비된 감동 세포를 깨운다.

약간 두렵고 전혀 새로운 시도들은 첫사랑처럼 격렬하지는 않겠지만, 유사한 감정을 일으킬 수는 있다. 새로운 세계에 발을 들여놓는 설렘이다. 첫사랑의 설렘이 예전에 끝났다고 생각하기 쉽다. 하지만 나이가 얼마이건 우리는 첫사랑 시절처럼 새롭고 경이로운 추억을 쌓을 수 있다. 세상은 무한정 넓고 복잡다단하니까 새로운 것은 무궁무진하다.

새로운 것을 추구하는 삶을 멈추는 사람은 빠르게 늙는다. 감각과 지성이 무뎌져서 매일 똑같은 나날 속에서 무료하다. 나뭇가지 위에 가만히 앉아 있는 나무늘보로 변했다가 나중에는 숲속의 돌멩이처럼 무감각해지고 말 것이다.

마이크 비킹 Meik Wiking 덴마크 출신으로 경영학과 정치학 전공. 코펜하겐에 위치한 행복연구소의 CEO. 《휘게 라이프, 편안하게 함께 따뜻하게》《그들은 왜 더 행복할까》 등을 저술.

고요한 휘게의 행복

우리 마음은 조용하고 부드러운 휴식이 필요하다

다음은 바로 앞에서도 살펴본 덴마크의 행복 연구가 마이크 비킹의 《휘게 라이프, 편안하게 함께 따뜻하게》에 나오는 편안한 휴식 풍경이다.

크리스마스가 가까운 덴마크의 12월이었다. 한 무리의 친구들이 눈 쌓인 길을 걷거나 근처 산을 오르내리면서 시간을 보냈다. 날은 빨리 저물었다. 이제 태양이 지면 17시간 후에야 다시 뜰 것이다. 친구들은 오두막에 들어가서 불을 피우고 반원으로 둘러앉았다. 산행 때문에 모두들 노곤했다. 불꽃을 멍하니 바라보는 가운데 들리는 것은 스튜가 보글거리는 소리, 타닥타닥 불꽃이 튀는 소리, 누군가 포도주를 홀짝이는 소리뿐이었다. 이 순간 친구들은 행복을 느꼈다. 고요하고 따뜻하고 부드러웠다. 이런 행복감이 덴마크어로 '휘게'이다.

이런 행복을 우리나라 사람도 반길까. 불을 피워 놓고 가만히 앉아 몇 시간씩 조용히 보내는 건 대부분의 뜨거운 정서를 가진 한국인에게는 맞지 않는다. 아마 농담과 노래와 게임을 하면서 시간을 보낼 것이다. 조용하면 불안해한다. 덴마크의 내향적 행복 '휘게'하고는 조금 거리가 있다.

또 이 책에는 내향적인 한 미국 대학생의 이야기가 나오는데, 미국의 지나치게 외향적인 사교 문화에 겉도는 느낌을 받았나 보다. 이 학생은 내향적인 성격이라서 휘게가 그렇게 좋을 수 없다고 말한다. 미국에서는 사교가 힘들었단다. 사람이 아주 많은 모임에서 쉽게 사귀고 빠르게 흥분하는 것이 미국식 사교다. 달리 말해서 미국은 외향적인 사람들의 세상이다. 그런데 덴마크에서는 달랐다. 휘게는 "내향인에게 일어날 수 있는 최고의 일이다. 내향인들이 에너지가 고갈되지 않고 사회적으로 어울리는 방법이 바로 휘게"이기 때문이라고 말했다.

다행스럽게 우리 땅에서도 고요한 휘게의 행복이 가능하다. 외떨어진 오두막을 찾을 필요가 없다. 거실, 카페, 공원이면 된다. 그곳에서 다정한 친구의 곁에 앉아 조용히 차를 마신다. 연인에게 아무말 없이 몸을 기대고 시간을 보낸다. 촛불을 바라보며 와인을 한 잔마신다. 이때 도파민 중독을 일으키는 시끄러운 TV는 끄는 게 낫다. 억지로 대화하지 않아도 된다. 하늘을 바라보거나 바람을 느끼면 행복할 수 있다. 이것도 따뜻하고 부드러운 휘게다. 이러한 고요함 속에서 우리가 얻는 것은 평화만이 아니다. 기진맥진한 몸과 마음의 재충전도 가능하다.

독일 출신으로 높은 대중적 인기와 존경을 받는 정신적 지도자 그륀 신부가 《당신은 이미 충분합니다》에서 말했다.

"소진된 마음을 채워주는 것은 온유함뿐."

온유함 즉 따뜻하고 부드러우면 소진한 마음이 채워진다. 지친 마음을 뜨겁고 강한 활동만으로는 되살리기 어렵다. 산속을 달리는 동안 재충전되는가. 아니다. 집에 와서 따뜻한 잠자리에 쓰러져야 재충전이 시작된다. 온몸의 힘을 쭉 빼고 부드럽게 늘어져 자는 동안에야 에너지가 차오른다. 따뜻하고 부드럽고 고요한 환경이 재충전의 조건이다.

우리 마음은 섬세하고 부드럽다. 마음이 방전되면 휘게처럼 따뜻하고 부드러운 휴식이 필요하다. 가끔 각자의 방식으로 변형된 휘게를 즐겨보자. 느릿느릿 건강하게 재충전하자.

행복러의 넛지

안셀름 그륀 Anselm Gruen 독일의 신부. 뮌스터슈바르작 수도원에 머물며 다채로운 영성 강좌를 이끌고 다양한 저술 활동을 펼침. 《내 안의 빛을 찾아》《딱! 알맞게 살아가는 법》 등을 저술.

5장

구급약처럼
빠르고 간편한
행복

죽음에 직면해서야
깨닫는 행복

∽

어제 정말로 죽을 뻔했다고 생생하게 상상해 본다

미국의 한 갑부가 임사 체험 덕에 새롭게 눈을 떴다. 2007년 4월 한 여성이 자신의 홈 오피스에서 쓰러졌다. 의자에 앉아 있다가 돌연 의식이 끊겨서 오른쪽으로 무너졌다. 바닥에 먼저 닿은 부위는 머리의 측면이다. 피가 엎질러진 물처럼 바닥에 흘렀다. 얼마큼 시간이 흘렀을까. 의식이 흐릿하게 돌아왔다. 오른쪽 뺨은 축축했다. 불길하고 무서웠다. 도움을 청하지 않으면 죽을 게 분명하다. 그런데 목소리가 나오지 않는다. 이렇게 외롭게 인사도 없이 떠나야 하다니 눈물이 났다. 서서히 의식이 꺼지면서 사랑하는 이들의 이미지도 흐릿해지고 머릿속이 암전된다. 얼마 후 눈을 뜨자 불빛이 보였다. 저승의 횃불인가. 다행히 병실 천장에 있는 전등이었다. 이런 무서운 경험을 했던 여성은 아리아나 허핑턴. 유명한 언론인이자 사업가다.

그는 2005년 미국의 온라인 언론사 〈허핑턴 포스트〉를 창간하고 단 2년 만에 대단한 성공을 거두었다. 〈타임〉이 선정한 세계에서 가장 영향력이 큰 인물 100명에 포함되었고 〈포브스〉의 파워풀한 여성 리스트에 오르기도 했다. 몇 년 후에는 돈도 원 없이 벌었다. 창간한 온라인 매체가 2011년 3천억 원이 훨씬 넘는 가격에 팔렸다.

앞에서 이야기한 대로 그때 잘못되었으면 허핑턴은 돈방석에 앉아보지도 못하고 세상을 하직할 뻔했다. 왜 갑자기 쓰러지는 일이 일어났을까? 스스로 분석하기로는 고된 노동 때문이다. 그는 일주일에 7일, 매일 18시간씩 일했다. 쉬고 잠자는 시간이 하루에 6시간밖에 되지 않았다. 그렇게 중노동을 했던 이유는 성공하기 위해서다. 더 정확히는 돈과 권력을 원했다.

허핑턴에게 성공의 기준은 단순 명쾌했다. 돈과 권력의 유무에 따라 성공 여부를 결정했다. 그런데 쓰러져 죽을 지경에 다다른 후에는 새로운 성공의 기준이 생겼다. 웰빙, 지혜, 경이감이 그것이다. 건강하게 사는 것과 삶의 지혜를 얻는 것 그리고 삶에서 놀라움을 얻는 것이 곧 성공이라고 생각하게 되었다.

임사 체험 덕분에 허핑턴은 '숨 쉴 공간과 깊은 시각을 주는 충만한 삶'을 누리기 시작했다고 회고했다. 그의 저서 《제3의 성공》에서는 다음과 같이 말한다.

"사람들은 시골, 해안가, 언덕에서 안식처를 찾는다. 그런데 자신의 마음속만큼 평화롭고 걱정 없는 안식처는 없다. 끊임없이 자신에게 마음의 안식처를 제공해서 스스로를 새롭게 해야 한다."

인간은 기를 쓰고 죽음을 회피한다. 그런데 죽음에 직면해 봐야 행복을 깨닫는다. 잠깐이면 된다. 상상 속에서 처절히 죽음을 맞이해 보라. 감사와 행복과 경이감이 밀려온다.

 행복러의 넛지

아리아나 허핑턴 Arianna Huffington 그리스 출신의 미국 작가이자 칼럼니스트로 〈허핑턴 포스트〉의 공동 설립자. 《담대하라, 나는 자유다》 《수면혁명》 등을 저술.

폴 돌런

49

쓸데없는 것에
신경 쓰지 않기

주의력 재배분으로 나를 불행에서 구해낸다

경청은 미덕이다. 틀림없다. 하지만 도저히 귀를 열어둘 수 없는 상황도 있다. 때로 흘려 듣고 딴짓도 해야 우리의 소중한 행복감을 보호할 수 있다. 예를 들어, 동료가 눈살 찌푸려지는 행동을 한다. 자만심이 하늘을 찌르는 그는 다른 사람의 기여와 가치는 인정할 줄 모르는 존재다. 그런 사람의 이야기를 10분쯤 듣고 나면 몇 시간 동안 잔상이 떠나지 않아 괴롭다. 이때 경청은 피해야 할 행위다.

그렇게 해로운 것에 주의력을 빼앗길 위기라면 구급 조치가 시급하다. 간단하게 따라해 보자. 자신의 손등을 만지면 된다. 손가락 하나로 천천히 문지르면 그 미묘하고 기분 좋은 감각에 주의력이 집중된다. 손가락으로 좋아하는 단어를 책상 위에 천천히 쓰는 방법도 있다. 또 손가락으로 피아노 치듯이 무릎을 칠 수도 있다. 1분이면 된다. 그렇게 해서 그 오만한 동료가 빼앗아간 나의 소중한 주의력을 되찾을 수 있다. 영국의 행동 과학 연구자 폴 돌런은 《행복은 어떻게 설계되는가》에서 이렇게 말했다.

"행복할 수 있는데 행복하지 않다면, 당신의 주의력 배분이 잘못된 것이다."

우리는 쓸데없는 것에 신경을 쓰기 때문에 행복하지 않은 것이다. 주의력은 소중한 자원이다. 가치 있는 대상에 주의력을 집중해야 우리 삶도 가치를 얻고 행복감도 높아진다. 폴 돌런은 이런 말도 했다.

"당신이 집중하는 그것이 당신이다."

당신이 먹는 것이 곧 당신이다. 당신이 읽는 책이 곧 당신이다. 그것처럼 당신이 집중하는 대상이 모여서 당신이 된다. 오만해서 불쌍한 동료에게 집중하면 그가 내 속으로 들어와 나의 일부가 된다. 나쁜 말을 마음에 담아둬도 나쁜 말이 나의 구성 요소 중 하나가 된다. 그런 해로운 것들에 단호히 대응해야 한다. 주의력 재배분이 효과적인 방법이다. 상대가 빨아들인 나의 주의력을 회수해서 다른 곳에 배분하는 것이다.

가령 내 손등을 만지거나 내가 좋은 하는 단어를 책상에 쓰기만 해도, 그 끔찍한 것들이 나의 일부가 되는 걸 막을 수 있다. 짜증 나는 소리를 듣는 동안 손등을 만지면, 나는 아주 빠르게 들키지 않고 행복해진다.

폴 돌런 Paul Dolan 런던 정치경제대학교(LSE)의 행동과학 교수로 행복, 행동과학, 공공정책에 대해 연구함. 《행복은 어떻게 설계되는가》 《Happy Ever After》 등을 저술.

★ ☀ ☆

폴 돌런에 따르면 주의력을 잘 관리하면 삶의 어떤 불행감도 줄일 수 있다. 가령 말 더듬는 습관을 가진 사람을 가정해 보자. 어떡하면 덜 불행해질까. 물론 그 습관을 고치면 될 텐데 고치기 쉽지 않다면 문제다. 대안은 말 더듬기에 대한 주의 집중을 줄이는 것이다. 즉 신경을 꺼버리면 말을 더듬으면서도 행복할 수 있다. 소득도 마찬가지다. "소득이 행복에 끼치는 영향은 얼마나 돈을 가졌느냐뿐 아니라 얼마나 많이 주의 집중하느냐에 따라 결정된다." 연애도 외모도 다르지 않다. 얼마나 주의 집중하느냐에 따라 행복에 미치는 영향력 크기가 결정된다. 폴 돌런의 말대로 '해방감을 주는' 시각이다.

마음이 밝아지는
경쾌한 단어 하나

밝은 낱말 하나를 떠올려 정신을 물들인다

사람을 당장 행복하게 만드는 건 너무 쉽다. 인간 정신은 잔잔한 수면과 같기 때문이다. 호수에 작은 돌을 하나 던지면 유리 같은 수면에 파문이 생겨서 멀리 퍼진다. 돌멩이가 한 점에 '퐁당!' 하고 떨어졌을 뿐인데 동심원 물결들이 끝없이 퍼진다. 사람 마음도 그렇다. 기분 좋은 단어 하나만 들으면 행복감이 마음 끝까지 퍼진다.

이 주장을 뒷받침할 개념이 있다. '활성화 확산'이 그것이다. 이 개념에 따르면, 하나의 단어를 들으면 저장되었던 기억들이 저절로 떠올라 활성화하면서 확산된다. 미국 사회심리학자 리처드 니스벳은 《마인드웨어》에서 이렇게 말한다.

"당신이 '개'라는 단어를 들으면, '짖다'라는 개념, '콜리'라는 범주, 이웃집 개 '렉스'의 이미지 등이 동시적으로 활성화된다."

단어나 이미지만 떠오르는 게 아니다. 리처드 니스벳에 따르면 '노인'이라는 단어를 떠올리면 자기도 모르게 천천히 걷게 된다. '모험적인'이라는 단어를 들은 뒤 활동적인 청년을 보면 긍정적으로 보이고 '무모한'이라는 단어를 본 뒤 활동적인 청년을 보면 걱정스럽다. 한 단어가 수많은 단어와 기억을 활성화하고 확산시켜서 우리의 마음까지 바꾼다.

여기서 이끌어낼 수 있는 쉬운 결론이 있다. 기분 좋은 단어 하나면 마음이 밝아진다. 인간의 마음은 잔잔한 수면과 같기 때문이다. 어떤 단어가 좋을까. 그건 자신에게 맞는 걸 찾으면 되겠지만 여기서는 과학적으로 추출한 단어들을 소개하겠다.

미국 버몬트 대학의 심리학자들이 헤도노미터Hedonometer라는 인터넷 분석 장치를 만들었다. 옛 트위터에서 사용되는 단어들을 활용해서 그날의 미국인이 얼마나 행복했는지 분석했다. 일종의 행복도 측정기다. 행복할 때 쓰는 단어들은 어떤 것이 있을까? 헤도노미터 웹사이트hedonometer.org에 소개된 영어 단어를 번역하면 이런 것들이다.

사랑, 행복, 웃음소리, 미소, 승리, 축하, 무지개, 나비, 기억, 축하, 주말, 친구, 농담, 키스, 자유, 꽃, 웃긴, 재미있는, 훌륭한, 기쁜, 맛있는, 달콤한, 아름다운, 감동적인, 놀라운, 감사한……

사람들은 이런 단어를 많이 쓴 날 행복했다. 실제로 나비를 본 것도 아니고 데이트를 하지 않았더라도, 그렇게 기분 좋고 경이로운 것들을 지칭하는 단어를 쓰면 행복도가 높아진다. 행복해지는 건 때론 이렇게 쉽다. 인간의 잔잔한 의식에 예쁜 돌멩이 하나만 떨어뜨리면 된다.

또한 《마인드웨어》에는 겸손의 과학적 당위를 설명하는 주옥같은 대목도 있는데, 소개해 보겠다.

"모든 지각, 판단, 믿음은 추론일 뿐 현실을 그대로 읽은 게 아니라는 점을 기억하라. 따라서 자신의 판단을 확신하기보다 적당히 겸손할 줄 알고, 나와 견해가 다르다는 느낌이 들어도 사실은 더 타당할 수 있음을 인식해야 한다."

행복러의 넛지 ☺

리처드 니스벳 Richard E. Nisbett 미국의 사회심리학자이자 작가로 현재 미시간대학교 심리학과의 시어도어 M 뉴컴 석좌 교수. 《생각의 지도》《사람일까 상황일까》 등을 저술.

51

절실한 상상으로
새로운 현실 창조

❧

실현 가능한 상상, 아름다운 나를 상상한다

가난은 좌절과 불안의 뿌리이다. 돈이 많으면 얼마나 좋을까. 악으로부터 멀어지고 좌절과 불안도 줄일 기회가 생기니 어디 좋기만 할까. 그러나 이 사회는 돈이 없는 사람의 손에는 돈이 소량만 들어오도록 설계되어 있다. 돈을 원하지만 손에 쥘 수 없는 사람들은 현실 대신 환상을 즐긴다.

가령 로또 복권 당첨 같은 상상이 인기 장르다. 오늘도 전국에서 수만 명이 로또 당첨 상상을 하면서 하루를 보냈을지도 모른다. 나도 마찬가지다. 사실 복권 당첨 상상은 달콤하다. 당첨금 수십억 원으로 구입할 집과 상품 목록을 수십 번 만들고 지우기를 반복한다. 또 혼자 잘 살기는 미안해서 도와줄 사람들의 리스트도 작성하지만, 아무튼 조금 나누어주고 남은 돈은 전부 내 차지다. 늙어 죽을 때까지 자유로울 걸 생각하면 얼굴 근육에서 긴장이 빠져나가서 입이 벌어지고 눈매가 선해진다. 입안에서는 단맛이 도는 듯하다.

그런데 행복한 상상은 채 몇 분 이상을 지속하기 어렵다. 상상은 연기 같다. 밥 먹으려고 숟가락만 들어도 환상은 깨진다. 초인종이 울리거나 문자 메시지 도착음만 울려도 상상은 뭉그러진다. 꿈에서 깨듯이 현실로 돌아온 후에는 뒷맛이 몹시 씁쓸하다. 공상 속에서만 행복한 자신을 보면 안쓰럽다. 또 부끄럽기도 하다. 매일 똑같은 삼류 시나리오밖에 못 쓰는 자신의 창의력이 창피한 것이다.

복권 당첨의 꿈은 실현 가능성이 낮은 걸 누구보다 본인이 잘 알기 때문에 공허하다. 깨고 나면 마취가 풀린 듯 자신이 초라해지고 기분이 엉망이 된다. 그렇다고 상상하지 말자는 건 아니다. 메마른 삶은 상상을 즐겨야 견딜 수 있다. 단 종류가 다른 상상을 하면 된다. 실현 가능한 상상을 하는 것이다. 그러면 자괴감이 없고 행복해진다. 어떤 상상을 하는가. 미국의 작가 조 디스펜자가《꿈을 이룬 사람들의 뇌》에서 추천하는 것들을 모아봤다.

어떻게 하면 나는 더 나아질까?
어떻게 나 자신을 재발명할 수 있을까?
그런 일이 정말 일어나면 내 인생은 어떻게 될까?
그 목표를 이루기 위해서 나 자신을 어떻게 바꿔야 할까?
가장 높고 이상적인 나 자신은 어떤 모습인가?
나는 진정 무엇을 원하고 있는가?

당첨금으로 돈방석 위에 앉는 꿈이 아니다. 내가 원하는 내가 되어 행복하게 살아가는 나를 상상해 보는 거다. 어떤 사람이 되면 좋을까? 실현 가능한 선에서 마음껏 상상해 보자. 가령 웬만한 실패에는 꺾이지 않는 최고 수준의 회복 탄력성을 갖게 되면 어떨까. 사람들에게 친절하게 말하는 습관 덕분에 인기가 급상승한다면 기분이 어떨까. 또 사소한 것과 중요한 것을 변별하는 능력은 어떨까. 그렇게 이상적이고 훌륭한 자신의 모습을 상상하면 아주 기쁠 것이다.

상상은 좋은 일이다. 상상은 무미건조한 삶을 견디거나 극복하게 해준다. 그런데 종류가 문제다. 조 디스펜자는 책에서 아일랜드 작가 숀 오페일론Sean O'Faolain의 말을 다음과 같이 인용했다.

> "감탄할 만한 유형의 상상력은 단 하나뿐이다. 새로운 현실을 창조하고, 일이 이루어지게 만들 정도로 강렬한 상상력이 그것이다."

진부해 보이더라도 이 말은 진실이지 않을까? 강렬한 상상만이 현실이 된다. 간절하고 절실하게 상상할 때 원하는 일이 실현된다. 로또 복권 당첨 같은 헛상상이 아니라, 실현 가능한 상상에 빠져들어 보자. 내가 꿈꾸는 최상의 내 모습을 그려보자. 마음이 원하는 걸 향해 뚜벅뚜벅 걷는 내 뒤태를 상상할 수도 있다. 그렇게 새로운 나를 절실하게 상상하는 사람이 새로운 현실을 창조한다.

조 디스펜자 Joe Dispenza 미국의 신경과학 연구자이자 작가. 현재 국제적인 강연자, 연구가, 기업 컨설턴트, 작가, 교육자로 활동 중. 《당신이 플라시보다》《브레이킹, 당신이라는 습관을 깨라》 등을 저술.

불행은 넓게
행복은 좁게 보기

❧

인생은 가까이 보면 비극이고 멀리서 보면 희극이다

행복과 불행을 대할 때의 태도가 달라야 한다. 불행한 일이 생기면 넓게 보고 행복한 일은 좁게 보는 것을 추천한다. 표현을 바꿔서 불행은 동양의 시각으로 행복은 서양의 시각으로 봐야 한다. 그러면 불행은 최소화되고 행복은 최대화된다. 그것도 즉시 말이다. 미국 심리학자 리처드 니스벳이 쓴 책《생각의 지도》에서 동서양의 시야를 비교하는 실험을 소개했다.

여기 사진 한 장이 있다. 사진 중앙에 있는 한 사람이 웃고 있다. 아주 기분이 좋아 보인다. 그런데 주변에 모여 있는 사람들의 표정은 어둡다. 화가 났거나 슬픈 표정이다. 심리학자들이 동양과 서양 사람들에게 중앙의 인물이 어떤 기분인 것 같냐고 물었는데 동서양인의 대답이 서로 달랐다. 서양 사람들은 중앙의 활짝 웃는 사람이 아주 행복한 것 같다고 말한다. 반면 동양인은 덜 행복해 보인다고 답한다.

이와 같은 생각의 차이는 주변을 어떻게 인식하는지의 여부에서 비롯된다. 서양인들은 중앙의 인물에 주로 집중하고 주변 사람들에게는 별로 신경 쓰지 않는다. 그렇게 한 사람에게 집중을 하니 중앙에 있는 사람이 무척 행복해 보였던 것이다. 그와 달리 동양인은 주변 사람의 표정에 신경을 많이 쓴다. 화나고 슬픈 표정의 주변 사람들과 겹쳐지기 때문에 중앙의 웃는 사람을 어둡게 본 것이다.

동양인은 주변 배경을 먼저 본다. 한 개인이 아니라 주변과의 관계, 맥락, 전체 상황을 중시하는 것이 동양식 사고방식이다. 반면 주변 배경이나 맥락을 중시하지 않고 개인이나 개체에 집중해서 판단을 내리는 게 서양식 사고방식이다. 달리 말해서 전체를 보는 동양인의 시각은 종합적이고 개체에 집중하는 서양인은 분석적이다.

이런 구분은 행불행의 문제에도 창의적으로 적용해 볼 수 있겠다. 불행은 동양적 시각으로 보고 행복은 서양적 시각으로 보면 이롭다. 예를 들어 사랑하는 연인이 등을 돌렸다고 가정해 보자. 큰 불행이다. 이런 경우는 문제에만 집중하지 말고 넓게 봐야 한다. 맥락을 만들고 전체적인 그림을 그리는 것이다. 그러면 그간 연애의 흥망성쇠가 여러 번이었다는 게 떠오르고, 매번 이별을 통해 자신의 사랑이 성숙해졌다는 것도 깨닫게 된다. 넓게 보니 이번 이별은 오히려 약이다. 불행을 최소화하고 싶으면 그렇게 넓게 봐야 한다.

그와 달리 맛있는 음식을 먹는 순간에는 넓게 볼 생각 말고 그 음식에만 집중한다. 음식값을 벌기 위해 부모가 겪은 고통을 떠올리면 음식맛이 떨어지고 슬프고 괴롭다. 그런 효심 어린 생각은 음식을 먹고 난 후에 해도 충분하다. 지금은 맛에 집중하는 것이 효도다. 행복을 최대화하려면 그렇게 좁게 봐야 한다.

요컨대 시야를 넓히면 불행이 최소화되고 시야를 좁히면 행복이 최대화된다. 어느 유명 영화인도 이에 동의하는 듯하다. 무선 영화 시대 최고의 감독 겸 배우였던 찰리 채플린이 이런 말을 남겼다.

"인생은 가까이서 보면 비극이고 멀리서 보면 희극이다."

실직 후 울음을 터뜨렸던 내 모습은 가까이에서 보면 한없는 비극이지만, 삶의 우여곡절을 겪은 후에 멀리서 회고하면 웃을 수 있는 추억이다. 학교에 적응 못해서 우는 아이는 부모의 마음을 아프게 하지만 멀리 보면 오히려 내면이 단단해지는 성장의 한 과정이므로 기뻐해야 할 일이다.

지진으로 도시가 파괴되었다면 당장은 큰 불행이다. 그러나 끝내 공동체의 연대감과 회복력이 더 높아질 거라고 생각하면 이득이 전혀 없는 것도 아니다. 불행의 최소화가 필요할 때는 멀리서 시야를 넓히면 된다. 반대로 행복의 최대화가 필요할 때는 시야를 좁힌다. 단순하면서 쓸모가 많은 행복의 기술이다.

찰리 채플린 Charles Chaplin 영국의 배우, 코미디언, 영화 감독이자 음악가로 무성 영화 시기에 크게 활약한 인물.

★ ☀ ☆

리처드 니스벳의 《생각의 지도》에는 고대 동서양의 행복관 차이도 언급되어 있다.

"그리스인들에게 행복의 이상이란 개인 고유의 재능을 자유롭게 발휘할 수 있는 인생이었지만, 중국인들은 조화로운 사회적 관계 속에서 공유하는 전원의 삶에 만족했다."

그리스인의 행복은 개인적이고, 중국인의 행복은 집단적이었다고 단순하게 요약할 수 있다. 우리들의 행복도 그렇게 나누어보자. 자신에게서 찾는 행복과 타자와의 어울림 속에서 누리는 행복, 그 두 가지가 서로 침해하지 않고 조화를 이루면 꽤 괜찮은 인생일 것이다.

자기 객관화 기법

불행에 빠진 나와 분리해서 스스로를 관람한다

사랑하는 사람이 달아났다. 나 없이는 못 산다고 입버릇처럼 말했던 연인이 헤어지자는 폭탄 선언을 터뜨린 후에 다른 사람에게 가버렸다. 옛 연인의 SNS에는 입이 귀에 걸린 사진이 참 많다. 내가 이럴 줄은 몰랐다. 남의 행복 때문에 가슴이 찢어질 수도 있다는 건 미처 알지 못했다. 그런데 두 달 정도 지나고 나에게 또 다른 일이 생겼다. 연인에 이어 직장까지 잃었다. 겨우 얻은 직장이라서 무척 좋아했고 야근도 거부 않고 열심히 일했는데 꼼짝없이 쫓겨나게 되었다. 남은 짐을 가지러 회사에 갔는데 사무실 유리창 너머로 동료들의 밝고 희망적인 표정이 보였다. 부럽고 절망스러워서 마음이 미어졌다.

그렇게 중요한 두 가지를 잃은 나는 어떡해야 고통에서 벗어날 수 있을까. 많이 아는 방법은 희망 회복이다. 다시 사랑하고 다시

취직할 수 있다는 희망을 되살리는 것이다. 그런데 간단한 일은 아니다. 갖가지 이유를 들어가면서 수백 번 자신을 설득해야, 가슴 속에 겨우 희망의 불씨가 살아나고 용기의 싹이 튼다.

빠른 효과를 원한다면 설득 말고 구경을 택할 수도 있다. 자신을 영화의 주인공으로 생각하고 구경하는 것이다. 창의적인 음악가인 릭 루빈은 그의 책《창조적 행위 : 존재의 방식》에서 이렇게 조언한다.

"실연과 실직과 상실의 고통 속으로 침몰하지 말아야 한다. 대신 자신과의 분리 연습을 한 후에 이렇게 생각해 보자. '이제 주인공에게 앞으로 어떤 일이 일어날지 나는 궁금하다' 언제나 다음 장면이 있게 마련이며 다음 장면은 아름답고 충만한 장면일 수도 있다."

내가 실연과 실직을 당한 게 아니라 '나'라는 영화 속 주인공이 그런 곤경에 처했다고 생각하는 것이다. 그리고 궁금해한다. 주인공이 난관을 어떻게 견디고 이겨낼지 호기심을 갖고 지켜보는 것이다. 이를테면 '어휴! 나에게 정말 나쁜 일이 생겼다. 어떡하지? 두렵다'라고 생각하지 않는다. 대신 이렇게 속으로 말해 보자. '나에게 몇 가지 나쁜 일이 생겼다. 인생 최대의 위기다. 내가 이 슬픔과 곤란을 어떻게 극복할지 나 자신도 궁금하다. 흥미진진한 마음으로 지켜볼 것이다.'

그리고는 내가 가장 좋은 방법을 찾아내고 아름답고 충만한 다음 시퀀스를 이끌어내길 기도한다. 내가 괴로운 일을 당하면 나를 끌어안지 말고 떨어뜨리는 것도 훌륭한 대처법이다. 자신과 분리해서 자신을 관람한다. 말하자면 자기 객관화 기법이다.

막다른 골목에 다다른 나를 로맨틱 코미디 영화의 주인공이라고 상상해 보라. 자신이 웃기거나 안쓰럽거나 대견할 것이다. 어쩌면 나를 관람하다가 다시 행복해지는 방법을 찾을지도 모른다. 자기 분리의 상상력 덕분에 우리는 연인이 떠나고 직장을 잃는 최악의 조건에서도 빠르게 행복의 힌트를 얻을 수 있다.

──●── 행복러의 넛지 😊 ⟨   ⟩──────────────────●──

릭 루빈 Rick Rubin ⟨타임⟩지의 '세계에서 가장 영향력 있는 100인'으로 선정된 '아메리칸 레코딩스' 창립자이자 미국의 음반 프로듀서. 영문 위키백과에 따르면, 2007년 MTv에서 루빈을 '지난 20년간 가장 중요한 프로듀서'로 평가함.

행복은
기질이 아니라 기술

쉽고 효율적인 행복의 작은 기술을 배운다

행복의 스몰 스킬(잔기술)은 무척 많지만, 여기서는 네 가지만 이야기하자. 호흡, 5분 자기 사랑, 그라운딩 기술, 독백이 그것인데 공통점은 분명하다. 모두 쉽고 효율성이 높다.

첫 번째 행복 스몰 스킬은 **호흡**이다. 영국의 유명 명상가 디브야 콜리는 파도 타듯이 호흡해 보라고 권한다.

"호흡을 파도라고 상상해 보자. 가슴속의 호흡에 잠시만 집중하자. 시간의 흐름 위에서 파도 타는 자신을 느끼게 된다."

들숨 때는 몸이 살짝 떠오르고 날숨 때는 몇 센티미터 가라앉는다. 들이쉬고 내쉬고, 오르고 내리는 움직임에 주의 집중하는 동안 마치 서핑하는 기분이 든다. 눈을 감으면 더욱 실감 난다. 재미도 있다. 그렇게 몇 분이라도 보내면 기분이 좋아진다. 디브야 콜리는 이렇게도 말했다.

"호흡에 집중하는 것은 현재에 집중하는 가장 빠르고 편리하고 신뢰할 만한 방법이다."

호흡에 주의 집중하면, 과거와 미래를 잊고 현재에 몰입하게 된다. 걱정과 불안 같은 나쁜 기분이 사라지고 에너지가 충전된다.

두 번째 행복 스몰 스킬은 **5분 자기 사랑법**이다. 5분이면 나 자신을 사랑할 수 있다. 하루 종일 나 자신을 괴롭혔어도 5분만 사랑해 주면 나는 속없이 다시 행복해한다. 여러 기술 중에서 미국 작가 미건 로건의 추천 방법이 단순 명료해서 좋다. 그의 '5분 자기 사랑 기법'은 다음 세 가지로 분류된다.

✦ 자연과 연결되어 호흡하기
✦ 귀 기울여 듣기
✦ 터치로 안정시키기

자연 속에서 의식적으로 숨을 쉬기만 해도 행복한 기분이 들 것이다. 숨을 들이킬 때 폐의 팽창에 신경을 집중하면 나의 약동하는 생명을 느낄 수 있다. 또 나무와 내가 산소를 주고받으며 연결된다는 사실이 신비롭다.

5분 자기 사랑법의 두 번째는 소리 듣기이다. 지금 이 순간 여기서 들리는 소리 하나하나에 귀를 기울여 본다. 빗소리나 새소리나 파도 소리가 아니어도 된다. 자동차 엔진 소리, 컴퓨터 쿨링 팬 소리 같은 일상 소음을 경청해도 묘하게 기분이 좋다.

5분 자기 사랑법의 세 번째로, 자기 몸을 만지는 것도 편안함을 준다. 목, 손, 볼을 부드럽게 쓰다듬는 것이다. 오늘도 고생하는 나를 토닥이는 건 직접적인 사랑의 표현이다.

세 번째 행복 스몰 스킬은 **그라운딩 기법**이다. 5분 자기 사랑법 못지않게 유명한 행복의 기술이다. '지금 여기'라는 그라운드로 내려와서 접지하는 것이 그라운딩이다.

아무거나 눈앞의 글자를 읽는다. 빠르고 정확하게 읽어도 좋고 느리게 뜻을 새기면서 읽을 수도 있다. 30에서 1까지 거꾸로 센다. 불행감이 깊은 날에는 100에서 1까지 센다. 글자를 읽고 숫자를 세기만 해도 마음이 평온을 되찾게 된다. 자신이 좋아하는 명문장이나 시구를 암송해 본다. 불행감이 느껴질 때 손을 물에 담궈 본다. 찬물이나 따뜻한 물이 피부에 와닿는 느낌에 집중하면 불행을 씻을 수 있다. 모두 쉽고 효율적인 그라운딩 기법들이다. 그라운딩 기법에는 '5-4-3-2-1 훈련법'도 있다.

✦지금 내 눈에 보이는 것 중에 다섯 가지를 말한다.

- ✦나에게 들리는 소리 네 가지를 말한다.
- ✦내가 만질 수 있는 것 세 가지를 말한다.
- ✦내가 맛볼 수 있는 두 가지를 말한다.
- ✦내 코에 와닿는 냄새 한 가지를 말한다.

지금 여기서 내가 느끼는 것에 집중하는 것이 핵심이다. 이런다고 모든 걱정이 한번에 남김없이 사라지는 것은 아니지만 걱정의 무게감이 줄어드는 건 체험할 수 있다.

네 번째 행복 스몰 스킬은 독백이다. 다른 것들에 비교해도 훨씬 쉽고 간단한 행복의 기술이다. 유럽에서 영적 지도자로 추앙받는 안셀름 그륀 신부는 《당신은 이미 충분합니다》에서 말했다. "만족은 행복의 심장과 같다. 만족만 해도 행복은 이미 성취한 거나 다름없다. 그런데 놀랍게도 만족을 배우는 건 쉽다. 독백이면 된다." 예를 들어 마음속의 욕심이 꿈틀대는 걸 인지할 때마다 이렇게 반복적으로 독백하라고 권한다.

"나는 내가 가지지 않은 것을 생각하지 말고, 내가 가진 것과 나의 현재 모습에 감사한다."

꼭 똑같이 따라 할 필요는 없다. 각자의 생활이나 지향에 맞게 고쳐 쓸 수 있다. 다만 감사와 만족이 키워드여야 한다. "나는 ○○에 감사한다. 나는 ○○에 만족한다"고 진심을 담아 독백할 때마다 행복이 우리를 찾아온다.

어떤 방법으로 해도 좋은데, 반드시 기억할 것은 있다. 모든 행복 훈련의 바탕이 되는 시각, 행복을 배울 수 있는 기술이다. 어렵지 않다. 아리아나 허핑턴은 《제3의 성공》에서 정신의학과 교수 리처드 데이비슨의 말을 다음과 같이 인용했다.

"행복은 기질이 아니라 기술입니다. 테니스와 같죠……. 라켓을 든다고 저절로 테니스를 잘 치게 되는 건 아닙니다. 연습을 해야 합니다……. 행복 연습은 바이올린이나 골프를 배우는 것과도 다르지 않습니다. 연습하면 향상됩니다."

타고난 기질이 행복감의 주된 결정 요인이라고 주장하는 연구자들의 세력이 상당히 크지만, 리처드 데이비슨은 생각이 다르다. 그에게 행복은 후천적으로 배우는 기술이다. 테니스나 바이올린처럼 노력하면 익혀지는 게 행복의 기술이다. 그렇게 믿으면, 행복 자신감이 생겨서 좋다.

행복러의 넛지

디브야 콜리 Divya Kohli 영국의 작가이자 명상가. 《힘든 시절에 평화 찾기(Finding Peace in Difficult Times)》 등을 저술.

★ ☀ ☆

미건 로건(Megan Logan)의 '5분 자기 사랑법'은《여성들을 위한 자기 사랑 연습책(Self-Love Workbook for Women)》에 실려 있다. 이 책은 국내에《셀프 러브 : 마음챙김 다이어리》로 번역 출간되었다.

'5-4-3-2-1 훈련법'은 심리학자이자 작가인 닉 트렌튼(Nick Trenton)의 《과잉 생각 멈추기(Stop Overthinking)》에 나온다.

옥시토신이라는
수도꼭지를 트는 방법

남을 돕는 사람이 더 행복하고 성공할 확률이 높다

옥시토신이라는 수도꼭지를 틀면 즉시 행복해진다. 영국 신경과학자 가비아 톨리키타 박사에 따르면 옥시토신은 놀랍도록 다재다능하다. 사랑의 호르몬이라는 별칭답게 따뜻한 사랑의 감정을 느끼게 하는 건 기본이다. 그리고 안식과 평화도 누리게 만든다. 옥시토신 효과는 더 많다. 옥시토신은 연민과 공감 능력도 높여준다. 타인의 아픔을 같이 느끼고 마음을 깊이 이해하는 따뜻한 사람이 되는 것이다. 또한 옥시토신이 지적 능력도 강화한다. 문제 해결 능력, 창의성, 학습 능력의 상승을 옥시토신이 가능하게 한다고 한다.

어떡해야 이 좋은 옥시토신이 내 몸에 철철 넘치게 할 수 있을까. 어렵지 않다. 당장 실행할 수 있는 방법들이 수두룩하다. 가령 아기를 안으면 된다. 특히 자신의 아기라면 옥시토신이 맹렬히 분출된다. 아기를 기르려면 큰 고생과 희생을 수반하지만, 여러 심리학적이고 생리학적인 보람도 있는 것이다.

　아기가 없으면 반려 동물을 쓰다듬고, 반려 동물이 없으면 털 인형을 꼬옥 안아도 되며, 그마저 여의치 않으면 소파 쿠션 혹은 자신의 다리통이나 몸통을 끌어안는 최후의 궁여지책도 있다. 물론 사랑하는 사람과 포옹하는 것도 아주 효과적이다. 마사지 받기나 따뜻한 목욕도 옥시토신 생성력이 높다. 그러고 보면 행복해지는 건 쉽다. 사랑하는 존재를 껴안고 서로 마사지를 하기만 해도 짜증과 스트레스는 약화되고 기분이 좋아진다. 웬만하면 누구나 지금 당장 행복해질 수 있다.

　그런데 가비아 톨리키타 박사가 말하는 옥시토신 생성법이 또 하나 있다. 바로 남을 돕는 것이다. 남을 도우면 사랑받는 행복감이 느껴진다. 또 마음이 따뜻하고 편안해진다. 아울러 불안과 공포감이 해소되고 몸과 뇌의 에너지가 재충전된다고 한다.

　결국 옥시토신 수도꼭지를 트는 방법은 크게 두 가지다. 사랑하는 사람을 껴안는 거 말고도 남을 돕는 방법이 있다. 낯선 이에게 친절을 베풀고, 노인의 무거운 짐수레를 밀어주고, 친구의 눈물을 닦아주면 내 속에서 옥시토신이 분비되어 행복감을 배양한다. 그러니까 당연하게도 남을 돕는 건 남만 돕는 게 아니다. 남은 물론이고 나도 행복해지는 길이다.

　타인 돕기의 행복 효과가 이득도 준다고 구체적으로 설명한 연구자도 있다. 미국 심리학자 애덤 그랜트가 주인공이다. 그에 따르면 조직에는 손익에 대한 태도가 다른 세 종류의 사람이 있다.

첫 번째는 기버giver이다. 내가 받는 것보다 더 많은 것을 타인에게 준다.

두 번째 테이커taker는 반대로 자신의 이익을 최우선한다. 주는 이익보다 더 큰 이익을 받으려 기를 쓴다.

세 번째는 중간자인 매처matcher이다. 손해와 이익의 균형을 이루려는 사람인데 다수가 이런 유형에 속한다.

그런데 이 세 가지 유형의 사람 중에서 누가 가장 성공할까? 기버 즉 주는 사람이다. 자기 이익을 일부 포기하더라도 남을 돕는 사람들이 성공 확률이 제일 높다.

의대의 경우 저학년 때는 기버의 성적이 낮다. 하지만 성적이 갈수록 높아지다가 6년 후 가장 높은 성적을 받게 된다. 또 공동 협력 작업에서 진가를 발휘하다가 환자에게 진심 어린 관심을 가지고 돕게 되면서 호평을 받는 유능한 의사가 된다.

재산 관리자들을 추적 관찰해도 결과는 같다. 회사의 이익이나 자신의 이익이 아니라, 고객의 이익을 가장 중요하게 여기는 이가 가장 성공한다. 어디 그뿐인가. 정치인, 컨설턴트, 부동산업자, 교사, 변호사 등 어떤 직종에서든 기버가 가장 큰 신뢰와 호감을 얻고 그에 따라 가장 높은 성공 가능성을 누린다.

높은 호감, 높은 신뢰, 높은 성과는 성공의 지표이며 행복의 조건도 된다. 남의 이득을 먼저 생각하고 남을 돕는 사람이 더 성공과 행복을 누린다고 정리할 수 있겠다.

이타심이 옥시토신을 분출시키고 성공의 길을 연다니 너무 뻔한 교과서용 이야기 같다면, 우리가 직접 테스트해 볼 수 있다. 북극과 아마존의 동물이나 타국의 굶주리는 아이들을 돕는 게 요즘은 어렵지 않다. 그리고 나와 1미터 거리 안에 있는 가족이나 친구에게 친절해지는 것도 돕기의 한 종류이다. 쑥스럽기도 하고 번거로울 때도 있지만 나도 가끔 시도해 본다. 친절함과 돕기는 나를 즉시 행복하게 만든다. 반대로 불친절하게 외면하면 가슴이 차가워져서 내가 가장 먼저 불행해진다. 그게 사실인 것 같다. 이타심은 건강한 이기심이다.

─●━━ 행복러의 넛지 ◌‿◌ ━━━━━━━━━━━━━━━━○

가비아 톨리키타 Gabija Toleikyte 신경과학자이자 영국 셰필드핼럼대학교의 심리학 강사. 《당신의 뇌는 변화가 필요합니다(Why the fu*k can't I change)》 등을 저술.

★ ☀ ☆

애덤 그랜트(Adam M. Grant)는 펜실베이니아대학교 와튼스쿨의 조직심리학 교수로 《히든 포텐셜》과 《오리지널스》 등을 썼다. 그랜트는 최연소 종신 교수이자, 학생평가점수가 미국에서 가장 높은 교수 중한 명이다.

그의 또 다른 저서 《기브 앤 테이크》에서 그랜트는 18세기 영국 시인

새뮤얼 존슨의 말을 이렇게 인용했다.

"사람의 진정한 평가 척도는 전혀 도움이 안 되는 사람을 대하는 태도이다."

이득이 되는 사람을 돕는 건 쉽다. 하지만 이득을 줄 수 없는 먼 나라의 어린이와 동물을 위해 기도하려면 뜨거운 진심이 필요하다.

후회에서 구출해 주는
'적어도' 대처법

자기를 물어뜯는 후회의 감정에서 즉시 탈출할 수 있다

자신의 꼬리를 무는 반려견은 마음 아프다. 후회하는 사람이 자기 꼬리를 무는 강아지와 같다. 자신을 찌르는 전갈과도 다르지 않다. 후회만 하지 않고 살아도 우리는 훨씬 행복할 것이다. 그렇다면 우리를 후회의 고통에서 구해낼 묘책은 없을까? 미국의 유명 심리학자 다니엘 핑크가 《후회의 재발견》에서 추천한 방법이 있다. '적어도 기법'이다.

먼저 올림픽 시상대를 상상해 보자. 선수들은 시상대에 오르기 위해 수년 동안 극한의 육체적 정신적 고통을 견뎌야 했고 이제야 그 보상을 받으려고 한다. 그런데 메달 색깔이 다르다. 제각기 순위에 따라 금·은·동 메달을 목에 걸어야 한다. 선수들은 모두 하나같이 행복할까? 아니다. 과학자들이 여러 차례에 걸쳐 올림픽 메달리스트 수백 명의 표정을 연구했는데, 메달 색깔에 따라서 표출된 행복감 수준이 달랐다.

당연하게도 활짝 웃으며 가장 행복해하는 선수는 금메달리스트였다. 그건 자명하다. 그런데 두 번째로 행복한 표정을 지은 선수는 은메달리트스가 아니라 동메달리스트였다. 은메달리스트의 얼굴에는 웃음기가 가장 옅었다.

왜 동메달을 획득한 선수가 은메달리트스보다 더 활짝 웃고 행복해했을까? 머릿속을 떠도는 상상의 시나리오가 다르기 때문이다. 은메달리스트는 조금만 더 앞섰다면 금메달을 딸 수 있었다는 상상을 하게 마련이다. '조금만 분발했더라면 내가 금메달리스트였다'라고 생각하는 것이다. 아쉽고 불만스러울 것이다. 웃음이 나지 않는 게 당연하다.

동메달리스트는 다른 상상을 한다. 만일 조금만 더 뒤처졌다면 순위에서 밀려났을 것이다. '나는 적어도 4등은 아니다'라는 생각이 떠오른다. 다행스럽다. 그저 자신이 대견스럽기만 하다. 그러니 얼굴에 웃음꽃이 필 수밖에 없다.

다니엘 핑크가 말하는 요지는 분명하다. 위를 보면서 '……했더라면'이라고 상상하면 후회의 고통을 겪는다. 반면 아래를 보면서 '적어도'라고 상상하면 후회 없이 기쁨을 느낀다. '적어도'(또는 그래도)가 우리를 후회에서 구출해 준다. 예를 들면 이렇게 생각하면 될 것 같다.

'어려움과 손실을 겪은 것은 사실이다. 하지만 **적어도** 내가 강인하고 회복력도 강하다는 걸 처음 알게 된 것은 큰 소득이다.'

'이번 영업의 성과는 저조하지만 실패의 교훈도 있다. **적어도** 경청과 선명한 화법이 영업에서 얼마나 중요한지는 배웠다.'

'적어도'라고 생각하면 용기와 희망이 생긴다. '적어도……'는 후회스러운 과거 속에서 긍정성을 발굴해내는 훌륭한 마법의 주문이다.

다니엘 핑크의 방법 말고도 훌륭한 후회 대처법이 하나 더 있다. 습관적 후회 중독자 사이에서 이미 인기가 높은 이 후회 대처법은 이름하여 '미래 상상 기법'이다. 후회의 감정이 밀려오면 과거가 아니라 미래를 본다. 그러니까 '……했어야 했다' 대신에 '……하면 어떨까?'라고 말을 바꾼다.

예를 들어서 '1년 전 공부를 더 열심히 했다면 지금 어떻게 됐을까?'라며 후회하는 대신, '지금부터 열심히 공부하면 1년 후 어떻게 될까?'라고 묻는 것이다. 지금 그 사람에게 내 마음을 열어 보여주면, 지금 기름진 야식을 주문하는 전화를 끊어버리면, 오늘부터 책을 매일 20분씩 읽으면 미래의 나는 어떻게 될까? 그렇게 행복한 미래를 상상하는 동안에는 쓸데없이 후회할 겨를이 없어져서 참좋다.

후회는 우리를 자기 꼬리를 물고 씹는 강아지로 만든다. '적어도' 라고 말하거나 미래 상상 기법을 쓰면, 그 지긋지긋한 후회에서 금세 탈출해서 훨씬 밝아질 수 있다.

행복러의 넛지 😊

다니엘 핑크 Daniel Pink 미국 미래학자로서 뉴웨이브 경제 잡지 〈패스트 컴퍼니〉의 기고가 겸 편집위원. 《Drive 드라이브》《파는 것이 인간이 다》 등을 저술.

★ ☀ ☆

《후회의 재발견》에서 다니엘 핑크는 후회를 부정적으로만 이야기하지 않았다. 후회는 괴로운 일이지만 세 가지 이점도 있다고 설명한다.

후회는 의사 결정 능력을 향상시킬 수 있다.
"내가 왜 그런 결정을 내렸을까?"

후회는 또한 성과를 높일 수 있다.
"나는 너무 게을렀어."

끝으로 후회를 통해 깊은 의미를 배운다.
"내가 우정의 소중함을 미처 몰랐던 게 안타깝다."

사기꾼 같은
나의 감정

정말 왜 이렇게 불행해야 하냐고 내게 따져 묻는다

1959년 서울에서 태어났고 의대에 진학해 정신의학 전문의가 되었으며 결혼해서 두 아이의 엄마가 되었다. 삶의 고난을 꿋꿋하게 견디며 꿈을 향해 성실히 살았다. 다행스럽게도 그럭저럭 무난했고 행복했다. 그런데 2001년 마흔두 살의 나이에 상상도 못할 병에 덜컥 걸리고 만다. 파킨슨병이라고 했다. 파킨슨병은 근육이 굳어가는 병으로 두꺼운 잠수복을 입고 움직이는 듯한 느낌을 받게 된다. 동작이 느리고 중심을 잡기 힘들다. 팔다리가 떨리는 걸 의지대로 할 수가 없다. 비운동장애가 생기는 파킨슨병 환자는 우울증과 치매와 수면 장애의 위험도 안게 된다.

정신분석 전문의 김혜남 작가의 이야기이다. 40대 초반의 나이에 파킨슨병 진단을 받은 그는 당연히 큰 충격을 받았다. 15년 정도 후에는 사망할지도 모른다는 생각까지 들었다. 잔인한 운명이 싫었다. 누구한테도 해를 끼치지 않고 살아온 자신이 왜 이런 형벌을 받는지 도저히 이해가 되지 않았고, 끝없이 원통했다. 절망한 그가 선택하는 것은 멈추기였다. 꼼짝도 하지 않고 침대에 한 달 동안 누워있었다.

계속 그렇게 지냈다면 김혜남 작가의 정신적 육체적 건강은 악화되었을 것이고, 파킨슨병이 심해지기도 전에 삶이 무너지고 말았을 것이다. 다행히 그는 그러지 않았다. 불현듯 현실 자각의 순간이 찾아온 덕분이다. 그의 책《만일 내가 인생을 다시 산다면》을 보면 침대에 누워 있던 김혜남 작가는 '내가 왜 이러고 있지?'라고 스스로에게 질문을 던진다.

> "(절망하고 원망하는) 사이 우울은 더 깊어져 갔고 차라리 이대로 죽어버리는 게 낫겠다는 생각이 들었다. 그러던 어느 날 문득 정신이 번쩍 들었다. '아니, 내가 왜 이러고 있지? 나는 그대로인데, 단지 달라진 게 있다면 내 미래가 불확실하고 현재가 조금 불편해진 것밖에 없는데, 내가 왜 이러고 있는 거야? 내가 왜 오지도 않은 미래를 걱정하느라 현재를 망치고 있는 거지?'"

김혜남 작가는 씩씩하게 일어났다. 다시 진료를 시작해 환자들을 치료하면서 자신의 삶을 근면하게 살았다. 또 무려 130만 부가 팔린 베스트셀러 작가가 되었다. 기적적인 판매 부수다. 확률적으로 의사가 되거나 파킨슨병에 걸리는 것보다 더 어려운 일을 해냈다.

작가를 일으켜 세운 것은 자신에 대한 의문이었다. '내가 왜 이러고 있지?'라는 질문이 작가를 침대에서 벗어나게 만들었다. 바꿔 말해서 작가는 자신의 절망감을 수용하지 않고 의심했기 때문에 절망감에서 빠져나올 수 있었던 것이다. 이를테면 '나의 이 절망감이 정당한 걸까? 이렇게 절망해서 나에게 이득인가? 무슨 근거 있는 절망일까?'라고 스스로 질문함으로써 절망감에서 탈출로가 열렸다.

여기서 행복의 비결 하나를 알 수 있다. 자신의 불행감을 의심하는 사람이 행복해질 확률이 높다. 불행감을 무비판적으로 받아들이는 성찰 없는 사람은 불행에 잡아먹힐 공산이 크다. 나의 부정적 감정을 자주 의심해야 행복하다. 예를 들어 내가 고개를 떨구거나 괴로워하거나 무서움에 떨면 이렇게 이유를 따져 묻는 것이다.

'내가 왜 이러고 있지?'
'내가 괴로워하는 이유는 뭐야? 괴로워해서 얻을 건 뭐지?'
'내가 무서워할 만한 게 정말 있는 거야, 아니면 환상이야?'

또 내 자신이 미워지거나 친구에게 실망해서 화가 났다면 다음과 같이 질문해 보자.

'나를 왜 이렇게 미워하는 거지? 그 정도 실수는 이해해도 괜찮잖아?'
'무엇에 실망하고 왜 화가 난 것일까?'

'사건을 다르게 볼 수는 없나?'

'다른 방향으로 생각하면 실망과 화가 없어지지 않을까?'

내 감정의 정당성이나 효용성을 묻는 질문들이다. 이런 캐묻기가 나를 일으키는 훌륭한 위로가 될 수 있다는 걸 우리는 김혜남 작가의 체험에서 알 수 있다. 김혜남 작가가 계속 침대에서 일어나길 거부했다면 어떻게 되었을까? 정신적 육체적으로 빠르게 쇠약해져서, 파킨슨병이 본격적으로 진행되기도 전에 삶이 무너지는 걸 홀로 감당해야 했을지 모른다. 가족이나 환자, 독자와 교감하며 느끼는 즐거움이나 보람은 상상도 못하며 점점 외롭게 시들어갔다면 얼마나 큰 비극인가.

감정은 사람을 자주 속인다. 때때로 나의 감정은 나에게 사기꾼이다. 내 감정을 무턱대고 수용하지 말고 의심해야 하는 이유다. 부정적 감정에 속지 않으려면, 먼저 내가 어떤 감정을 느끼는지 섬세하게 파악하고 그다음으로 그 감정이 정당하거나 소용이 있는지 질문해 보자.

행복러의 넛지 😊

김혜남 정신분석 전문의이자 베스트셀러 작가. 《서른 살이 심리학에게 묻다》《보이지 않는 것에 의미가 있다》 등을 저술.

★ ☀ ☆

김혜남 작가는 2023년 5월 <우먼센스>와의 인터뷰에서 인생의 후회가 없느냐는 질문을 받고 마음을 털어놓은 적이 있다. 그는 "딱 하나, 인생을 너무 숙제처럼 해치우듯 살았다"는 걸 후회한다고 말했다. 의사, 아내, 엄마의 역할을 틀림없이 해내야 한다는 의무감에 눌려 사느라고 삶의 소소한 즐거움과 기쁨을 충분히 만끽하지 못했다는 것이다. 그는 세상 사람들에게 "욕심을 조금만 내려놓고 나 자신을 더 챙기"라고 "스스로를 닦달하지 말고, 매사에 너무 심각하지 말고, 고민 없이 그냥 재미있게 살았으면 좋겠다"라고 조언했다.

가볍고 즐겁게 살기, 그 어려운 목표를 이루려면 뭘 해야 할까?

기본적 귀인 오류
피하기

타인에게 내가 모르는 맥락이 있을 거라고 상상한다

남을 미워하는 마음에서 빠르게 벗어날 수 있는 방법이 있다. 다른 사람에 대해서 내가 잘 모르고 있다는 사실을 상기한다. 내가 미워하는 사람에게 어떤 사정과 맥락이 있을 거라고 생각해 보는 것이다. 그러면 미움의 불이 꺼지고 내 마음이 온화해진다. 다음은 도로 위의 가상 상황이다.

앞차가 느려도 너무 느리다. 조금만 더 빨리 갔다면 내 차는 벌써 교차로를 건너서 정체 구간을 빠져나갔을 게 확실하다. 짜증스럽다. 밉고 싫다. 빈틈을 타서 옆 차로로 진입해서 고개를 돌려 보니 30대 정도로 보이는 여성이 운전 중이다. 따라붙어서 손가락질하며 훈계한다. 운전이 그렇게 겁나면 집에 있을 것이지 왜 나와서 민폐를 끼치냐고 소리친다. 소리가 가닿지 않았어도 뜻은 전해졌을 것이다. 옆 차로의 그 굼벵이 운전자는 사과하듯 고개를 몇 번 숙인 후 입술을 깨문다. 쏟아지려는 눈물을 겨우 참는 것 같다. 무슨 뜻일까. 억울하기라도 하다는 건가.

그런데 그 굼벵이 운전자의 뒷좌석에 조그마한 생명이 타고 있다. 운전자는 태어나서 6개월 동안 병원에 입원해 있다가 퇴원하는 아기를 집으로 직접 데려가는 엄마였다. 다른 사람에게 도움을 청할 수가 없어서 운전대를 손수 잡은 것인데, 도저히 평소처럼 달릴 수가 없다. 브레이크라도 밟으면 자칫 아기가 카시트에서 굴러떨어져 다칠 것만 같다. 무섭고 불안해서 가속 페달에 힘을 가할 수가 없다. 공포감과 함께 다른 운전자들에게 미안할 뿐이다. 그러잖아도 눈물이 날 뻔했는데 어떤 운전자는 손가락질을 하며 항의한다. 너무나 무서운 사람이다. 입술을 깨물며 눈물을 꾹 참는다.

이런 사정을 알고도 느림보 운전자를 비난하는 사람이 있을까? 우리는 타인의 사정을 모르기 때문에 미워한다. 사정을 알면 우리가 미워할 수 있는 사람은 거의 없다. 그러니까 속 뒤집는 사람을 보면 이렇게 생각해 본다. '나는 타인을 알지 못한다. 그에게는 내가 모르는 이유가 있다'.

그렇게 인지적 무능력을 스스로 인지하고 나면 미움이나 분노의 감정이 연기처럼 소멸한다. 단 몇 초 만에 마음이 평화로워진다. 나의 무지를 인정하면 딴생각에 빠진 연인, 심술 난 친구, 반응 없는 동료로부터 내 마음의 평화를 지켜낼 수 있다. 자신의 통찰력을 과신하는 사람이 화를 잘 낸다. 나의 무지 가능성을 항상 잊지 않는 이가 온유하다.

무지와는 전혀 다른 개념을 써도 된다. 속성과 상황이 그것이다. 속성이 원인이라고 보면 화가 난다. 반면 상황이 원인이라고 생각하면 화가 덜 난다. 즉 느리게 운전하는 이유를 운전자의 성격, 개성, 태도라고 생각하면 화가 난다. 반면 운전자가 처한 상황 때문일 거라고 여기면 화가 줄어든다.

동료가 실수를 저질렀을 때 게으름이 원인이라고 여기면 화가 난다. 하지만 거듭된 야근과 수면 부족 때문일 수 있다. 속성이 아니라 상황을 생각하면 우리는 부정적 감정에서 자유롭다. 흔한 인지 오류로 '기본적 귀인 오류'가 있다. 우리는 어떤 일의 원인을 그 사람의 속성에 귀속시키는 경향이 강하다.

누가 시험을 못 봤다면 무능력을 원인으로 여긴다. 몸이 아팠거나 바빴던 상황은 좀처럼 고려해 주지 않는다. 음식점에서 종업원이 반응을 보이지 않을 때, 그 이유를 종업원의 무성의로 귀속시키면 화가 난다. 그러나 종업원 수가 부족하다는 환경을 감안해 주면 화가 덜 나고 마음이 편하다.

나에게도 적용할 수 있다. 우리는 부정적 결과를 자꾸 나의 속성에 귀속시키려고 한다. 가령 시험에 떨어지면 자신의 무능력 때문이라고 자학하며 괴로워하는 식이다. 하지만 상황이 원인일 수도 있다. 예를 들어서 아직 경험이 부족하거나, 사정상 시험을 준비할 시간이 부족했던 게 탈락의 원인일지도 모른다. 후자라면 자신을 탓하며 자학할 이유가 없다. 공정하게 속성뿐 아니라 상황도 함께 분석하면 나 자신을 덜 괴롭히게 된다.

《판단하지 않는 힘》의 저자 대니얼 스탤더에 따르면, 기본 귀인 오류는 '다른 사람의 행동을 설명할 때 성격적 특성이나 의도에만 초점을 맞추고 맥락은 거의 또는 전혀 고려하지 않는 태도'를 말한다. '오류'라고 칭했지만 항상 틀린 것은 아니라고 그는 지적한다. 예를 들어 높은 속력으로 다른 차 뒤를 바짝 뒤쫓는 운전자들 중 일부는 정말로 바보 멍청이들도 있다. 하지만 우리의 짐작이 틀리는 경우가 더 많은 게 사실이다.

그러니 너무 자신하지 말자. 우리는 타인을 모른다. 타인의 행동에 어떤 맥락이 있는지 다 알 수 없다. 궁금하다면 타인이 어떤 상황인지 예의 바르게 물어야 한다. '나는 저 사람의 스토리 전모를 알지 못한다'라고 인정하는 순간 내 마음이 부드럽고 가벼워진다.

행복러의 넛지 ☺

대니얼 스탤더 Daniel R. Stalder 위스콘신대학교 화이트워터 캠퍼스 사회심리학 교수. 사람들 사이의 편견과 갈등 문제를 푸는 데 사회심리학을 어떻게 적용할지에 대해서 많은 관심이 있다. 《판단하지 않는 힘》 등을 저술.

길 잃은 정신을
구해내는 법

하루에 열 번, 나는 지금 무엇을 하고 있는지 묻는다

그림 형제의 원작 《라푼젤》에서 주인공은 큰 고난을 겪게 되는데, 말실수 때문이었다. 라푼젤은 20미터나 되는 자신의 머리카락을 타고 탑으로 올라오는 왕자와 매일 밤 만나고 있다. 마녀에게는 비밀일 수밖에 없었는데, 어느 날 라푼젤이 무심결에 이렇게 말했다.

> "어머니가 왕자님보다 훨씬 더 무겁게 느껴지니 웬일일까요? 내가 그분을 끌어올릴 때면 그분은 눈 깜짝할 사이에 이리로 올라오거든요." -《그림형제 동화전집》, 현대지성, 김열규 옮김

마녀가 물리적으로 무겁다는 뜻인가. 심리적으로 그렇다는 뜻인가. 어느 쪽이건 마녀는 화가 날 만하다. 게다가 남자와의 밀회는 배신 행위나 다름없었다. 마녀는 크게 화를 내며 라푼젤을 황량한

땅으로 추방해버린다. 왕자도 응징을 피하지 못했다. 라푼젤을 만나러 왔던 왕자는 탑에서 급히 달아나다가 가시나무에 눈이 찔려 시력을 잃고 세상을 떠돌게 된다.

감격적인 상봉은 몇 년 후에야 이뤄진다. 딸 쌍둥이를 낳고 기르던 라푼젤이 왕자를 만나 끌어안고 눈물을 흘렸고, 눈물방울이 왕자의 눈에 떨어지자 왕자는 심 봉사처럼 기적적으로 눈을 뜬다. 두 주인공이 하지 않아도 될 고생을 했던 건 무심결에 튀어나온 말 때문이었다. 수백 년 전 유럽 사람들이나 현재의 한국인도 마찬가지다. 무의식에 자주 이끌려 '하지 않아도 되는 말'을 한다.

인간 정신은 의식과 무의식을 오가는 시계추다. 어떤 때는 의식적이었다가 다른 때는 무의식적 상태로 자기도 모르게 옮겨 간다. 예를 들어 사장님 앞에서는 정신을 바짝 차리지만 부모님 앞에서는 아무 생각 없이 자동적이고 습관적인 반응을 보인다. 또 새로 사귄 이성 친구 앞에서는 눈빛과 의식이 살아 있으나 익숙한 연인 곁에서는 긴장과 매너를 놓아버린다.

정신을 의식적으로 통제하지 않는 관계에서는 문제가 생긴다. 첫번째, 부주의한 말을 하게 된다. 라푼젤이 그랬다. 우리도 아무 생각 없이 말실수를 한다. 수천 년 전에도 그랬고 앞으로 수천 년 후에도 인간은 무의식적인 말실수 때문에 사건을 일으킬 것이다.

무의식에 빠지면 또 다른 문제가 있다. 불행감이 커진다. 넋을 놓고 있으면 정신은 온갖 불행한 일을 상상한다. 나의 주식이 폭락하지 않을까. 사랑하는 가족이 사고를 당하지는 않을까. 연인이 내 비밀을 안 것은 아닐까. 이런 근거 없는 걱정과 공포 속에 빠져들어 위축되고 괴로워하는 건 대개 무의식적 상태에서 일어난다.

의식적 통제력을 상실한 상태에서 우리는 원치 않는 언행을 하고 불행한 상상을 하게 된다. 이런 자동적인 생각의 흐름을 어떻게 멈출 수 있을까. 이는 수많은 심리학자나 정신의학자, 수도자의 오래된 관심 주제이다. 섬세한 자기 관찰력을 키워주는 단순한 해법이 있다. 미국의 심리학자 니콜 르페라는 틈나는 대로 자신에게 다음과 같이 물어보라고 제안한다.

나는 지금 무엇을 하고 있나?
나는 지금 무슨 생각을 하고 있나?

우리는 곧잘 자기가 뭘 하는지 잊어버리고, 자주 원치 않는 생각에 빠져든다. 회의하다가 공상하고, 책 읽다가 초현실적 걱정에 빠져들고, 데이트하다가 문자 메시지에 정신이 팔린다. 위 두 가지 질문은 무의식의 숲속에서 길을 잃은 정신을 구해낼 수 있다.

니콜 르페라는 스마트폰에 오전, 오후, 밤, 이렇게 세 번 알람을 맞춰 놓고 질문하라고 추천한다. 하지만 열 번도 괜찮다. 스마트폰 알람이 울릴 때마다 나에게 질문한다. 나는 지금 뭘 하고 있지? 나는 지금 무슨 생각을 하고 있지?

조금만 연습해도 미꾸라지 같은 의식 흐름에 대한 통제력이 잠시

나마 높아지는 걸 체감할 수 있다고 한다. 말과 행동의 실수가 줄어들고, 불행한 상상도 덜하게 되며, 현재에 집중할 수 있다는 증언도 많다. 말하자면 더욱 스마트하고 밝고 행복한 사람이 되는 것이다. 두 가지 질문만으로 말이다.

 행복러의 넛지

니콜 르페라 Nicole LePera 미국 코넬대학교와 더뉴스쿨에서 공부했고 임상심리학 박사 학위를 취득한 학자이자 작가. 《내 안의 어린아이가 울고 있다》 등을 저술.

★ ☀ ☆

니콜 르페라는 국내에는 번역되지 않은 《자신을 만나는 법(How to meet your self)》에서 '변화를 위한 자기 긍정 확언'도 소개하고 있다. 자신에게 에너지와 확신을 줄 수 있는 문장들이다.

나는 매일 내가 진정 누구인지 조금씩 배운다.
나는 안전하다. 불안감에 행복을 빼앗기지 않는다.
나는 내 삶의 경험을 창조할 수 있으며, 세상에 대한 반응을 선택할 수 있다.
나는 나와 친구들로부터 사랑받고 수용받을 자격이 있다.
나는 나의 모든 걸 용서한다.
나의 과거는 나를 규정할 수 없다.
나는 매일 더 나은 나를 만드는 선택을 하고 있다.

트라우마 탈출법

∽

고통과 굴욕까지도 우리 삶의 원재료다

행복을 망가뜨리는 고통의 기억에서 어떻게 빠져나올까. 트라우마 탈출법은 여럿이 알려져 있지만 미국 작가 멜 로빈스가 체험을 통해 터득한 방법도 인상적이다. 그의 트라우마는 여객기 추락 공포였다. 멜 로빈스를 태우고 대서양 위를 날던 여객기에 큰 문제가 생겼다. 에어 포켓 즉 공기 밀도가 낮은 곳으로 진입했다가 수백 미터를 급강하하게 된다.

여객기 속은 지옥이 되었다. 산소마스크가 머리 위로 떨어졌고 비명이 터져 나왔다. 추락 가속도와 굉음이 승객들을 압도했을 게 분명하다. 자연히 죽음의 그림자가 승객 모두의 얼굴에 드리웠다. 기장은 대서양에 비상 착륙할 수 있으니 대비하라고 공지했다. 그런데 뭘 어떻게 대비하라는 걸까. 하늘을 날아야 할 비행기가 바다로 떨어지는데 속수무책인 사람들에게 무슨 방책이 있기나 하겠는

가. 죽음을 생각하지 않은 승객은 없었을 것이다. 하지만 다행히 정말 기적처럼 여객기는 추락하지 않았고 얼마 후 푸에르토리코에 안전하게 착륙했다.

로빈스는 무사히 집에 돌아왔지만 사실은 무사한 게 아니었다. 치유가 불가능할 정도로 마음이 손상되었다. 가슴 중심에 트라우마가 똬리를 틀었다. 그 뒤로 비행기 탑승을 기피하게 되었다. 비행기를 타는 상상만 해도 몸이 떨렸다. 비행기와 전혀 관련 없는 상황에서도 공포감은 시도 때도 없이 찾아왔다. 금방 죽을 것 같아서 무서웠다. 심지어 가족과 즐겁게 식사를 하는 중에도 이번이 마지막일 것만 같아서 공황 상태에 빠졌다. 비행기 추락 공포가 그의 삶을 완전히 망가뜨렸다.

그런데 얼마 후 로빈스는 비행 공포를 이겨냈다. 그 비법은 무엇이었을까. 바로 '욕망에 집중하기'다. 자신이 원하는 것에 정신을 집중하면서 공포감을 뚫고 나갔다.

로빈스는 가족과 함께 부모님 댁에 가는 상상을 했다. 그러면 사랑하는 부모님이 반갑게 맞아 줄 것이고, 행복한 일들이 많이 일어날 것이다. 집 앞에서 인사하며 행복해하는 가족들의 모습을 그려 봤다. 활짝 웃는 부모님과 대화하는 장면도 상상했다. 식탁에서 기뻐할 자신의 모습도 떠올려 봤다. 비행기 타는 것을 극복해 내기만 하면 그렇게 기쁘고 행복한 일들이 이어질 것이다. 로빈스는 그 행복을 절실히 원했다.

"원하는 걸 얻은 나의 모습을 상상하며 집중하자 비행 공포가 사라졌다."

욕망의 대상에 집중하면 나는 심리적 저항을 뚫고 앞으로 갈 수 있다. 비행기 여행 끝에 찾아올 행복한 일들에 온 마음을 모으면, 비행기 트랩에 오를 수 있다. 로빈스가 말하는 '결과 시뮬레이션'이란 내가 원하는 결과를 머릿속에서 시뮬레이션해 보는 것이다. 그러면 심리적 저항과 두려움이 증발하고 트라우마로부터 자유로워진다. 로빈스는 강조한다.

"원하는 것에 마음을 집중하면 걱정이 사라진다."

사랑 고백을 주저하는 이유는 거절받을까 봐 걱정해서다. 원하는 것에 마음을 집중하면 걱정이 사라진다. 상대가 사랑 고백을 받아들여 나의 연인이 되는 행복한 그림을 머리에 그린다. 정밀화로 그려야 한다. 그림이 완성되면 걱정이 사라지고 용기가 생겨난다.

언어 폭력의 고통을 받은 사람, 정서적 방치를 겪은 사람, 칭찬을 들어본 적이 없는 사람, 경제적 실패를 경험했던 사람도 다르지 않다. 물론 트라우마를 모래밭 그림처럼 쉽게 지울 수는 없다. 하지만 치유 후 행복해진 자기 모습에 마음을 집중하면, 뿌리 깊은 두려움과 걱정이 줄어들 것이고, 그것은 상처가 치유되었다는 시그널이다. 무서웠던 기억이 아니라 정말 원하는 것에 마음을 집중하면 걱정과 공포를 잠재울 수 있다. 트라우마도 뜨거운 소망을 가슴에 품은 사람의 발목은 붙잡지 못한다.

한발 더 나아가서 우리는 멜 로빈스의 고난에서 더 중요한 교훈을 얻을 수 있다. 차라리 트라우마를 반기는 거다. 인간은 누구나 원치 않는 시련을 겪는다. 때로는 괴로운 트라우마를 입기도 한다.

이쯤에서 시력을 잃어 혼자서는 읽고 쓰는 일이 무척 힘들었던 아르헨티나의 호르헤 루이스 보르헤스의 이야기를 소개해 보겠다. 이 이야기는 시련과 고통을 오히려 반기자는 교훈을 준다. 국내 출간되지 않은 것으로 보이는 책 《보르헤스와의 스물네 번 대화 Twenty-four Conversations with Borges》에 나오는 내용이다. 인터뷰어와 작가 호르헤 루이스 보르헤스가 묻고 답했다.

인터뷰어 이런 질문을 해서 죄송합니다만, 실명은 당신에게 어떤 의미입니까?

보르헤스 이제는 삶의 한 방식입니다. 불행한 것만은 아닌 삶의 방식이죠. 작가는 그리고 내 생각에 모든 사람은 자신에게 일어난 일을 자원으로 생각해야 합니다. 우리에게 주어진 모든 것은 어떤 목적을 위한 것인데, 그 사실을 예술가는 특히 강렬히 감지해야 해요. 굴욕, 불행, 당혹까지 포함해서 우리에게 일어나는 모든 것들은 우리가 예술을 구축할 때 사용하는 찰흙 같은 원재료로 주어집니다.

보르헤스에 따르면 굴욕적인 사건도, 불행한 사고도, 당혹스러운 기억도 모두 목적이 있어서 우리에게 온단다. 멜 로빈스가 겪은 비행기 추락 위기도 목적이 있다. 그것들은 모두 찰흙이다. 각자의 삶을 각자의 예술품으로 조형할 때 쓰는 원재료들이다. 깊이 슬프거나 고통스러웠던 적이 없던 사람은 자기 삶의 예술가가 될 수 없다. 삶의 고난은 우리의 귀한 자원이다. 그렇게 믿으면 우리는 불행 앞에서도 쉬이 불행해지지 않는다.

행복러의 넛지

호르헤 루이스 보르헤스 Jorge Luis Borges 아르헨티나에서 태어나 국제적으로 인정받은 최초의 라틴아메리카 작가. 라틴아메리카의 '마술적 사실주의'를 꽃피웠음.《작가》《보르헤스의 꿈 이야기》 등을 저술.

★ ☀ ☆

비행기 추락 위기와 트라우마를 극복한 이야기는 멜 로빈스의 영문판 《괜찮다는 말은 그만하라(Stop Saying You're Fine)》에 실려 있다.

61

무너지지 않는
행복의 탑

⌒

화사한 자기 스토리를 만들어 당장 행복해진다

모든 사람은 자기 서사 또는 자기 스토리가 있다. 언제 어떤 환경에서 태어나 자랐고, 어떤 특성을 갖고 있으며, 지금은 어떤 상황에 놓여 있고, 어디로 가고 있는지, 다섯 살짜리 어린이에서 백 살 노인까지 예외 없이 머릿속에 스토리가 저장되어 있다. 누구나 빠짐없이 갖고 있는 그런 자기 스토리는 의미가 무척 크다. 알다시피 자기 스토리의 구조와 정서가 삶의 행복과 불행을 결정하기 때문이다. 영국의 심리치료사 필리파 페리의 《온전한 정신으로 사는 법》에 나오는 이야기를 해보겠다.

이제 나이가 반백이 된 예술가가 필리파 페리를 찾아가서 상담을 하게 된다. 예술가는 지금까지 되는 일이 하나 없었고 앞으로의 삶도 자신감이 없다고 한다. 순수 예술 작품을 창작하는 그는 작품을 전시할 공간을 찾지 못해서 고민이 크단다. 또 자신은 이미 늙어서 시대 흐름에서 낙오된 것 같다고 말한다.

만일 그 예술가가 스스로 어려움을 극복할 힘이 있고 자신의 예술적 재능이 여전하다고 믿었다면 심리치료사를 찾아오지 않았을 것이다. 예술가는 어려움을 극복할 자신감도 없고, 자기 자신의 가치도 확신하지 못했다. 달리 말해 예술가는 어두운 자기 스토리를 마음에 담고 있었다.

필리파 페리는 예술가를 돕기 위해 한 통신 판매원의 이야기를 해준다. 어느 나라든 전화로 하는 통신 판매는 실패 확률이 높다. 이 이야기 속의 판매원도 수없이 많은 거절을 당했다. 핀잔을 듣거나 냉대받는 일도 많았다. 상황이 그러니 판매원은 의기소침해지고 직장 생활이 괴로웠다. 그런데 어느 날부터 기운을 되찾고 자신감이 넘치기 시작했다. 생각을 바꿨기 때문이다.

판매원은 50번 거절당한 뒤 1번 판매에 성공한다는 사실을 기억해냈다. 그 사실을 알고 나니 40번 거절을 당한 후부터는 곧 성공이 찾아올 것 같은 예감에 들뜨고 기분이 좋아졌다고 한다. 판매원은 자기 스토리를 바꿨다. 그는 50번 연속 속절없이 실패하는 사람이 아니라 50번 실패한 후에는 꼭 성공을 거두는 사람이 되었다. 절망적인 자기 이미지가 희망적으로 변했다. 그 결과 당연히 얼굴과 목소리가 밝아지고 의욕이 생겼다. 실적도 올라 올해의 판매왕에까지 오르게 되었다.

전화 판매원 이야기는 예술가에게 긍정적 영향을 미쳤다. 작업

및 전시 공간을 대여해 주는 공적 프로그램에 응모해서 합격했는데, 단번에 붙은 것은 아니었다. 실패를 무려 17번이나 겪었다. 이전 같으면 큰 좌절감에 시달렸을 텐데, 50번 실패하는 사람을 생각하니 마음이 괜찮았다고 한다. 예술가의 평소 태도도 변했다. 더욱 열정적으로 말하는 사람이 되었다고 한다. 긍정적인 자기 스토리가 예술가의 태도와 커리어에 긍정적 영향을 끼친 것이다.

심리 치료를 받기 전의 예술가처럼 자기 스토리를 암울하게 만들어내는 사람들이 있다. 가령 어떤 사람이 이렇게 말한다고 가정해 보자. "나는 어릴 때부터 상처를 많이 받았고 무기력했으며, 지금도 되는 일이 없을 뿐 아니라 시류를 놓쳤고, 앞으로도 별 희망이 없는 것 같다."

그의 마음은 행복할까. 자신의 잠재력을 최대한 발휘할 수 있을까. 그에게 좋은 일이 생길 확률이 높을까. 아닐 것이다. 암울한 자기 스토리를 가진 사람은 불행하고, 잠재력을 매장하고, 나쁜 일이 생길 개연성이 높다.

돈과 지위와 산해진미가 불행한 사람을 구할 수도 있다. 하지만 그런 번듯한 행복도 마음의 행복 없이는 신기루에 불과하다. 자기 스토리가 불행하면 황금 1천 톤을 깔고 앉아 있어도 불행을 피할 수는 없다.

자신이 좋은 사람이며 자신의 삶이 더 좋은 방향으로 가고 있다고 일러주는 밝은 스토리를 만들어보자. 무너질 수 없는 행복의 탑이 세워진다. 행복한 자기 스토리의 키워드는 가능성, 자신감, 낙관, 기다림, 희망, 웃음 등이다.

필리파 페리 Philippa Perry 영국의 통합 심리치료사이자 작가, TV 프로그램 진행자. 《온전한 정신으로 사는 법》《심리치료극장》 등을 저술.

6장

유머 감각에
이끌리는 행복

매일 무서운 일
하나씩 하기

나의 한계선을 용감하게 폴짝 뛰어넘는다

심각하지 않고 좀 더 유머러스하게, 하지만 분명 진지하게 사는 방법을 몸소 알려주는 과학자가 있다. 자폐 스펙트럼도 꺾지 못한 그의 용기와 모험심은 경이롭다. 먼저 질문을 해보겠다. 겁쟁이 신세를 어떻게 하면 벗어날 수 있을까? 미국 프랭클린 루스벨트 대통령의 아내였고 사회 정치적 활동가였던 엘리너 루스벨트는 "당신이 무서워하는 일을 매일 하나씩 하라"고 말했다. 물론 100층 건물에서 뛰어내려 보라는 뜻은 아니다.

우리에게는 얼마든지 하려면 할 수 있는데 두려워서 또는 무서워서 못 하는 일들이 많다. 사람들 앞에서 발언하기, 문자 말고 전화하기, 의사에게 자세히 물어보기, 편의점 직원을 바라보며 인사하기, 친구의 부탁에 싫다고 말하기, 직장 상사나 아버지에게 반대한다고 말하기 등이 그 예다. 하지만 그렇게 무서운 일을 하나씩 하다

보면, 나의 안전지대가 점점 넓어지고, 나의 능력이 확장되며, 인생의 즐거움은 커진다.

여기 어마어마하게 무서운 일에 도전한 사람을 소개해 보겠다. 극지방 원정대나 우주 비행사가 아니다. 그는 영국 과학자 카밀라 팡이고, 그의 모험은 음악 페스티벌에 놀러 가는 것이다. 그게 뭐가 무서운 일이냐 싶겠지만 카멜라 팡으로서는 엄청난 일이다.

카밀라 팡은 말하자면 현실 영국판 우영우다. 그는 여덟 살에 자폐 스펙트럼 장애 진단을 받았지만 공부를 특별히 좋아하고 잘하는 아이였다. 대학에서 수학, 물리학, 생물학, 예술학을 공부했고, 대학원에서는 생화학을 전공했으며, 유니버시티 칼리지 런던에서 전산 생물학 박사 학위를 받았다. 자폐 증세가 있는 사람에게 소음과 혼란은 위험한 자극이 될 수 있다. 음악 페스티벌은 굉음이 터져 나오는 흥분의 도가니이므로, 카밀라 팡은 무서운 모험을 떠났던 셈이다.

카밀라 팡의 저서 《자신의 존재에 대해서 사과하지 말 것》에 나오는 이야기다. 카밀라 팡이 친구들과 함께 간 음악 페스티벌 현장은 아니나 다를까 끔찍했다. 과도한 소음, 끝도 모를 난장판, 이상한 냄새, 예측할 수 없는 인파 등은 아스퍼거 신드롬 환자에게는 모르도르(지옥)였다.

그 지옥에서 카밀라 팡은 '개인 기록을 깼다'고 한다. 13시간 동안 공황 발작이 다섯 번씩이나 일어났다. 그중 한 번은 사람들과 엉킨 채 진흙 구덩이에 빠지게 되면서 찾아왔다. 전형적인 공황 발작 증세는 흉통, 호흡 곤란, 심박수 폭증, 현기증, 복통, 죽을 것 같은 공포감 등이다. 결국 카밀라 팡이 충격 속에서 기절하자 관객들이 머리 위로 '크라우드 서핑'해서 그를 의료 텐트로 옮겼다.

카밀라 팡은 이 무시무시한 경험을 긍정적으로 기억한다. 자신의 한계를 테스트하는 기회였고, 새로운 실험을 할 수 있는 능력을 확인하니 오히려 뿌듯했단다. 그리고 음악 페스티벌에서 엄청나게 고생한 끝에 카밀라 팡은 익숙하지 않고 즐겁지 않은 일이 반드시 죽도록 치명적이지 않다는 걸 알게 되었다고 한다.

카밀라 팡은 이전에는 낯선 경험이 자신을 죽일 수도 있다고 생각했다. 자폐증은 물론이고 ADHD 진단까지 받았기에 카밀파 팡은 보통의 기준으로는 무척 불안정한 사람이다. 또 예민하다 못해 극히 과민한 신경을 가졌다. 그러니 낯선 경험이 죽도록 무서웠을 법하다. 하지만 그는 두려운 게 많은 자신을 방치하기 싫었다. 그래서 이를 악물고 가장 무서운 지옥 같은 음악 페스티벌 현장으로 갔고 당당히 살아 돌아왔다.

예민한 사람은 자신의 한계선을 특히 더 선명하게 본다. 그 선을 넘을 것인가 말 것인가가 관건이다. 그 선을 넘으면 우리는 새롭게 태어날 수 있다. 카밀라 팡의 모험까지는 아니어도 우리 또한 공포감을 시험하고 우리를 새롭게 태어나게 할 만한 일을 찾아볼 수 있다.

어려운 책 읽기, 거미나 개구리 만지기, 거절을 각오하고 전화번

호 묻기, 혼자 영화 보기, 몸치라면 춤 배우기도 무섭겠다. 하지만 모두 시도해 볼 만한 일들이다. 또 나는 사실 겁쟁이라고 인정하기, 너무 사랑해서 매일 미칠 것 같다고 고백하기, 석 달 금주하기, 하루 16시간 쉬지 않고 공부하기 등을 도전해 보고 싶다. 그런 일을 매일 하나씩 저지르면 머지않아 죽기라도 할까? 카밀라 팡이 말할 것 같다. "절대 안 죽어요. 이 겁쟁이들아."

행복러의 넛지 🙂

카밀라 팡 Camilla Pang 영국의 생물정보학 분야의 과학자로 《자신의 존재에 대해 사과하지 말 것》《남달라도 괜찮아》 등을 저술. 《자신의 존재에 대해 사과하지 말 것》으로 영국왕립학회에서 최고의 과학책 상을 수상.

★ ☀ ☆

카밀라 팡은 자폐 스펙트럼 장애라는 특별한 상황 때문에 평생 지구와 인간이 낯설었다. 《자신의 존재에 대해 사과하지 말 것》의 서문 첫 번째 두 문장이 쓸쓸하면서 유머러스하다.

"지구에 산 지 5년째 되던 해에 나는 엉뚱한 행성에 착륙했다고 생각했다. 아무래도 정거장을 지나친 게 틀림없었다."

인간 두뇌는
너저분한 다락방

감정 쓰레기가 쌓이지 않도록 두뇌 청소를 자주 한다

보통 우리는 하루에 두세 번 이를 닦는다. 세수도 두 번 정도 한다. 양치질과 세수와 머리 감기를 한 열흘 동안 안 한 채 출근한 동료를 상상해 보라. 업무 마비 사태가 벌어질 것이다. 다들 끔찍할 것이다. 그런데 우리는 왜 뇌는 씻지 않을까.

우리 머릿속에는 별 생각들이 다 자란다. 즐겁고 기쁜 생각도 생겨나지만, 외롭고 고통스럽고 악한 감정도 생산된다. 전자는 좋지만 후자가 문제다. 그 괴롭고 어두운 생각이 우리 행복을 망친다. 그러면 어떡해야 할까. 답은 쉽다. 뇌 세척이다. 머릿속을 자주 청소해야 한다.

우리가 잘 알고 있는 베스트셀러의 주인공 셜록 홈즈도 머릿속 청소가 중요하다고 생각하는 듯하다.《주홍색 연구》에서 셜록 홈즈와 존 왓슨이 나눈 대화를 간추려 소개해 보겠다.

홈즈 나는 인간 두뇌를 다락방으로 생각합니다.

왓슨 다락방? 왜 그렇죠?

홈즈 다락방은 넓고 텅 비어 있죠. 인간의 뇌도 사실과 지식이 채워지기 전까지는 비어 있어요. 그런데 훈련되지 않은 정신은 일관성 없는 관찰과 설익은 개념으로 지저분하게 채워져 있어요. 그와 달리 훈련된 정신은 질서 정연하고 사실들이 깔끔히 정리되어 있어서 필요할 때 쉽게 꺼낼 수 있죠.

왓슨 알겠습니다. 그러니까 당신은 잘 정돈된 다락방처럼 뇌도 깔끔하게 정리하고 유용한 지식으로 채워야 한다는 말이군요.

홈즈 바로 그거에요. 쓸모없는 잡동사니로 채워진 다락방은 탐색이 어렵죠. 하지만 일에 꼭 필요한 것들로 채워진 머리는 필요할 때 즉시 접근할 수 있어요. 다락방처럼 두뇌도 적절히 정돈하면 과학적 추론을 위한 귀중한 정보 저장소가 될 수 있어요.

왓슨 놀라워요. 정말 멋진 비유에요. 나도 당신을 잘 보조하기 위해 정신의 다락방을 자주 청소해야겠어요.

홈즈 그렇게 해주세요, 왓슨. 어수선한 두뇌는 아무짝에도 쓸모가 없으니까요.

100년 전 영국의 작가 아서 코난 도일은 홈즈의 입을 빌려서 머릿속 정돈에 대해 이야기했다. 쓸모없는 정보나 지식이 가득 들어찬 두뇌는 너저분한 다락방처럼 무용지물이니 두뇌 청소를 자주 해야 한다고 말이다. 잡동사니 같은 정보와 지식은 모두 꺼내서 쓰레기장에 버리고 유용한 정보로 채워 넣어야 한다. 두뇌를 청소해야 할 다락방으로 비유한 것은 아주 유용해서 행복감을 이야기할 때도 그대로 적용할 수 있다.

우리 두뇌 속에는 불행감을 일으키는 것들이 자주 들어온다. 나쁜 기억, 해로운 의심, 근거 없는 공상, 자기 미움 등이다. 그걸 어떡해야 할까. 즉시 꺼내서 버리면 된다. 쓰레기를 다락방에서 치우듯 그 해로운 감정의 쓰레기들은 끄집어내서 폐기하는 것이다. 그러면 마음이 깨끗해진다. 행복해질 조건이 마련되는 것이다. 뇌 청소를 하지 않는 비위생적인 사람은 기피의 대상이 되어도 할 말이 없다.

두뇌 청소를 하면 행복하기만 한가. 아니다. 머릿속이 맑아져서 주의력, 판단력, 집중력도 따라서 높아진다. 공부를 더 잘하고 돈도 더 잘 벌 수 있는 것이다. 귀나 코와 달리 심장은 후빌 수 없다. 간도 못 후빈다. 하지만 두뇌는 비강처럼 후빌 수 있는 장기다. 자주 후벼서 쓰레기들을 끄집어내어 버려야 한다. 두뇌는 청소를 하지 않으면 안 되는 다락방이다. 이걸 모르거나 잊으면 불행감이 높아져 속수무책 괴로워한다.

스스로를 아끼는 사람은 자주 자문해야 한다. 지금 내 머릿속에 쓰레기는 없는가. 마지막 청소는 언제였나. 그리고 입출 모니터링도 필요하다. 친구, 가족, 동료들의 고민부터 다툼, 무작위로 들어오는 잡다한 광고와 각종 시사거리까지 내 머릿속에 집어넣는 것은 아닌지 민감하게 살피다가 즉시즉시 꺼내서 갖다 버리자. 그렇게 머릿속을 정돈하면 마음이 훨씬 화창해질 것이다. 하지만 그렇게 하지 않으면 불행해질 수도 있다. 로마의 황제이자 스토아 철학자였던 마르쿠스 아우렐리우스도 "마음의 움직임을 관찰하지 않는 사람은 반드시 불행해진다."라고 말했듯이 말이다.

행복러의 넛지 ☺

아서 코난 도일 경 Sir Arthur Conan Doyle 영국의 의사이자 소설가로 셜록 홈즈를 주인공으로 한 추리소설로 유명함.

★ ☀ ☆

코난 도일은 《셜록 홈즈의 귀환》에서 본문에서 소개한 뇌 청소론 못잖게 기발한 슬픔 해소법을 소개하고 있다. 몇 년 만에 나타난 셜록 홈즈는 동료 왓슨이 가족상을 당했다는 걸 어떻게 알고는 위로랍시고 명언을 하나 뱉었다.

"일이 슬픔의 가장 완전한 해독제입니다."

무서운 상상으로
불행 몰아내는 법

무서운 생각이 들면, 더 무서운 상상을 하며 웃는다

무서운 공포에서 벗어나는 하나의 방법은 더 심한 상상을 해보는 것이다. 이 비법을 알려준 사람은 스위스 철학자 알렉상드르 졸리앙이다. 한국에서의 기이한 경험을 《상처받지 않는 삶》에 기술했다. 그는 한때 한국의 어느 선불교 수련원에서 지낸 적이 있다. 아무런 걱정 근심 없이 행복한 시간을 일주일 정도 보냈을 즈음에 아내와 아이들이 방문했다. 역시 즐겁고 행복하게 숲속에서 생활하다가 가족들이 서울로 떠난 후 무슨 이유에선지 갑자기 마음의 평화가 깨졌다. 문득 무서운 기억이 떠올랐다. 어린 시절 부모님을 잃다시피 해서 시설로 보내졌던 그 두려운 일요일 밤의 일이다.

공포감에 떨며 인터넷 서핑을 시작한 졸리앙에게 더 큰 문제가 일어난다. 자신이 머무르던 수련원 인근에서 광견병이 발생한 적이 있다는 사실을 알게 된 것이다. 졸리앙은 상상의 나래를 폈다. 광견병에 걸린 너구리를 실수로 깔고 앉는 자신의 모습을 그리게 되었다.

밀려드는 공포감을 떨치기 위해서 졸리앙은 아는 방법을 다 썼다고 한다. 명상을 하고 산책도 했으며, 영화도 봤다. 그런데 호전되지 않았다. 너무 무서워서 미칠 지경이었다. 그때 믿어야 할지 말아야 할지 모를 동영상을 하나 발견하게 된다. 동영상 속의 인물은 심한 불안을 겪고 있다면 더 극심한 불안을 야기하는 상상을 하라고 조언했다. 상황이 다급했던 졸리앙은 그대로 따랐다.

자신이 광견병에 걸리는 상황보다 월등히 더 나쁜 상황을 상상해보기로 했다. 자신이 사랑하는 자녀 중 한 아이가 광견병에 걸려 죽는 끔찍한 상상이었다. 그리고 동영상이 시키는 대로, 자신의 신체 반응 즉 땀이나 떨림 등을 확인해 가면서 더 무서운 상상을 추가했다. 아마도 광견병에 걸린 너구리 떼에 온 가족이 포위되는 악몽 같은 상황을 그려보지 않았을까 싶다.

상상의 공포 수위를 점점 높이던 졸리앙은 어느 순간 알게 되었다. 자신이 터무니없는 상상을 하고 있다는 사실을 말이다. 혼자 상상하며 혼자 괴로워하다가, 다른 상상을 추가해서 더 괴로워하는 자신의 모습이 눈에 들어왔다. 너구리가 아니라 자신이 공포의 근원이었다는 걸 똑똑히 깨닫게 된 것이다.

졸리앙의 체험과 주장은 기이하지만 어쩐지 설득력이 있다. 무서운 생각이 들면 그 생각을 억지로 떨치려 하지 말고 더 무서운 상상을 해보면 된다. 나에게 도대체 얼마나 더 나쁜 어떤 일이 일어날 수 있는지 시나리오를 꾸며보는 것이다.

예를 들어서 유령이 나타날 것 같아 무서운 사람은 그 상상을 지우려고 애써 봐야 효과가 적다. 더 무서운 상상을 연속 생산하는 게 오히려 낫다. 먼저 유령 대여섯을 만나는 상상을 한다. 그래도 무서우면 수천 수백의 유령에게 붙들리는 상상을 한다. 그다음에는 수만의 유령을 출연시킨다. 그러다 보면 알게 된다. 내가 얼마나 우스운 상상을 하고 있는지, 그리고 그 상상이 공포의 근원이라는 것을 말이다.

실직이 두려운 사람도 똑같이 대처할 수 있다. 돈이 없어서 서럽고 불편한 상황을 겪는 상상만으로는 부족하다. 더 과장된 상상이어야 한다. 예를 들어 밥을 굶고 병에 걸리고 집을 잃고 한 달 동안 씻지도 못 한 채 열차역에서 잠자는 자기 모습을 상상하는 거다. 눈물 콧물로 범벅된 자기 얼굴을 생생하게 그려보는 게 포인트다. 그러면 곧 알게 된다. 터무니없는 상상이라는 것을 말이다. 이어서 실직에 대한 과장된 두려움에서 한발 벗어날 수 있다.

그렇게 말도 안 되는 무서운 상상을 지어내다 보면 지치기도 하겠지만, 그걸 넘어서 상황을 우습게 바라볼 수 있다. 혼자 멋대로 상상하면서 고통받는 자기 모습이 CCTV 화면처럼 보이면서 헛웃음이 날 것이다. 그 허탈한 웃음과 함께 두려움과 공포가 허무하게 사라져버릴 것이다. 무한한 불행 상상법은 희극적이면서 역설적인 불행 탈출법이다.

알렉상드르 졸리앙 Alexandre Jollien 스위스의 작가이자 철학자. 태어날 때부터 뇌성마비를 앓았다. 스위스 프리부르 문과대학에서 철학을, 더블린 트리니티 칼리지에서 철학과 고대 그리스어를 공부했다. 《약자의 찬가》《상처받지 않는 삶》 등을 저술.

★ ☀ ☆

불교에서 선종禪宗 또는 선禪이란, 중국에서 5세기에 발전하기 시작한 대승불교의 한 조류다. 선의 조류는 중국에서 한 종파로 성립되어 한국과 일본 등지로 전파되었는데, 이 계통의 여러 분파를 선종이라고 통칭하고, 이 계통의 불교를 선불교禪佛敎라고 한다.

트릭으로
고민 해결하기

샤워는 뇌를 순하게, 순종하게 만든다

새롭고 심각한 고민을 해야 할 때가 있다. 직장을 그만둬야 할까? 연인에게 결혼하자고 말할까? 다 집어치우고 멀리 이사 갈까? 이런 문제에 대해 쉽게 답을 못한다. 생각이 잘 진행되지 않는다. 그것은 왜일까. 앞에서 말했듯이 새롭고 심각한 주제들이기 때문이다. 이런 주제는 불안을 일으킨다. 결론의 향방에 따라 자신의 생활과 존재에 큰 변화가 일어날 것이기 때문에 무섭다. 그래서 생각이 잘 풀리지 않는다.

이렇게 생각이 꽉 막혔다면 해결책이 있다. 바로 샤워를 하는 거다. 인생학교 편집부에서 2020년 《더 효과적으로 생각하는 법How To Think More Effectively》이라는 책을 펴냈다. 이 책에서는 생각이 꽉 막힌 상황에서는 '정신적 트릭mental trick'을 쓰라고 제안한다. 트릭은 속임수다. 즉 내 정신을 속이라는 말이다. 정신이란 녀석은 보수적이라서 새로운 주제를 받아들이기 싫어한다. 천성이 그러니 속임수를 써서 고민거리를 수용하게 만들어야 한다.

비유를 해보자. 정신에게는 충직한 경비병이 하나 있고 경비병은 외나무다리를 지키고 있다. 그 다리를 건너면 정신의 영토로 들어갈 수 있는데, 경비병은 새로운 주제가 못 들어오게 필사적으로 막는다. 그러면 어떻게 해야 하나. 맛있는 커피 한 잔을 마시면 된다. 내가 커피를 마시면 내 정신 속의 경비병도 향과 맛을 느낀다. 충직하지만 산만한 경비병이 잠시 한눈을 파는 사이에, '직장을 관둘까' 하는 심각한 고민이 생각 속으로 쓰윽 들어갈 수 있다. 트릭이 성공한 것이다.

또 산책을 하면서 나무도 보고 꽃도 보는 방법이다. 경비병도 나의 눈을 따라 구경거리에 정신이 팔린 사이에 '결혼하자고 말할까' 하는 고민거리가 정신 속으로 들어가게 되고, 그러면 정신은 어쩔 수 없이 그 답을 생성해서 내려야 한다. 트릭이 통한 거다.

그렇게 우리가 커피 마시기와 산책과 청소 같은 익숙한 일을 하는 사이에 오랫동안 막혔던 고민이 갑자기 해결될 때가 있다. 트릭이 정신의 경계를 허무는 데 성공한 결과이다. 이런 트릭 고민 해결법은 앞서 소개한 수학자 푸앵카레의 사례와 맥이 닿는다.

정신을 대혼란 트릭에 빠뜨리는 최적의 환경은 바로 샤워다. 《더 효과적으로 생각하는 법》에서 '샤워 부스는 지구에서 심각한 성찰을 하는 데 가장 좋은 장소 중 하나로 부상'되었다고 평가한다. 쏟아지는 물줄기를 맞고 있으면 편안해서 정신이 정신줄을 놓는다. 그렇게 정신이 풀어져서 경계심을 잃은 순간 새로운 문제가 정신으로 들어가고 정신은 어쩔 수 없이 답을 제출한다. '유레카'의 순간이 찾아오는 것이다.

샤워를 못할 상황이면 세수라도 해보자. 따뜻하거나 차가운 물로 얼굴을 적시는 거다. 그것도 안 되면 설거지를 하면서 물소리를 듣고 물줄기의 압력을 손으로 느껴 보자. 그러는 동안 마음이 편안해진다. 새로운 고민거리가 들어오면 어쩌나 경계하고 불안해하던 보수적인 내 마음이 잠시 긴장을 풀고 입국 차단을 해제하게 된다.

직장을 그만둬야 할지, 결혼을 해야 할지, 제주도로 이사 가야 할지 도저히 답을 구하지 못할 때는 심각한 고민 해결의 최적 장소인 샤워 부스에 들어가 보자. 중요한 영감이 소나기처럼 쏟아질지 모른다. 고민이 해결되면 우리 마음이 홀가분해진다. 저절로 미소가 떠오른다.

인생학교The School of Life 작가 알랭 드 보통의 주도로 2008년 영국 런던에 처음 세운 학교이자 출판사.

★ ☀ ☆

우리나라에는 출간되지 않은 걸로 보이는 《더 효과적으로 생각하는 법》에는 경청 대화법도 소개되어 있다. 귀 기울여 주는 사람으로 친구를 행복하게 만들기 위해서는 이렇게 하면 된다.

1) 성급하게 조언을 하지 않는다. 듣는 게 우선이다. 많은 경우 들어 주기만 해도 상대방은 무척 고맙다.
2) 관심 있고 이해하고 있다는 신호를 보내야 한다. 틈틈이 고개를 끄덕이고 "음" 하고 소리도 내면서, 잘 듣고 있다는 신호를 보내면 상대방이 안심한다.
3) 상대가 객관적 상황을 설명하면 "그때 너의 기분은 어땠어?"라고 물어본다.
4) "너는 정말 실망했겠다" 혹은 "너무 화가 났을 것 같다"라고 공감해 준다.
5) 상대의 말뜻이 모호하면 그냥 넘어가지 말고 "그게 정확히 무슨 뜻이지?"라고 물어본다.
6) 어떤 주장이든 받아주겠다는 의지를 보인다. "무슨 말을 해도 괜찮아. 나는 너의 친구잖아."
7) 조언 없이 헤어져도 괜찮다는 걸 잊지 않는다.

포기와 승리 사이에서
버티기

내 생명을 포기하지 않는 내 몸에 감사한다

먼 옛날 거북과 토끼가 유명한 경주를 한 적이 있다. 모두가 알 듯이 오만한 토끼는 도중에 낮잠을 자다가 패배했다. 그런데 토끼만큼이나 거북도 이해하기 어렵다. 거북은 왜 경기에 참가했을까. 사실 경기 결과는 누가 봐도 뻔했으니까 아예 참가하지 않거나 중간에 포기하고 집에 가서 푹 쉬는 게 훨씬 이득이지 않았을까.

거북은 승패에 무관심했다고밖에는 볼 수 없다. 승리가 아니라 포기 없는 완주만이 거북의 목표였던 것 같다. 수만 번의 느린 걸음을 뗀 거북이 이겨서 대단한 게 아니다. 승패를 생각 않고 끝까지 버틴 그 미련함이 위대하다.

독일의 유명 금융전문가이자 《멘탈의 연금술》의 저자인 보도 섀퍼가 거북과 비슷하다. 포기하지 않는 게 그에게는 무척 중요했다. 그의 첫 책은 전 세계에서 1,000만 부 이상이 팔렸다. 그런데 처음

엔 출간이 어려웠단다. 출판사에서 팔리지 않을 거라 판단해 받아주지 않았기 때문이다. 무려 57군데 출판사에서 거절을 당했다고 한다.

57번 거절당하면서 왜 섀퍼라고 포기하고 싶지 않았겠는가. 베스트셀러가 되기는커녕 출판 자체도 어려울 것 같아서 암담했으리라. 그럼에도 섀퍼는 포기하지 않고 버텼고 거북이 토끼를 이긴 것 이상의 거짓말 같은 승리를 경험하게 된다. 섀퍼는 책에서 다음과 같이 말한다.

"세상에서 가장 어려운 일이 무엇일까? '이기는 것'이다. 좀 더 정확히 말하면 '예상대로 착착 진행되고 맞아떨어져 쉽게 이기는 것'이다. 세상에 이보다 더 어려운 일이 있을까? 그래서 우리는 대부분 중도에 포기하고 주저앉는다. 분명 버티기는 포기보다 어렵다. 하지만 '쉽게 이기는 것'보다는 쉽다. 나아가 쉽고 빠르게 이긴 사람보다 버티면서 기회를 얻어 이긴 사람이 세상에는 몇 만 배 더 많다."

세 개념의 난이도를 부등호로 표시하면 이렇게 된다.

"포기 〈 버티기 〈 승리"

여기서 포기만 하지 말라는 게 섀퍼의 호소다. 포기하지 않고 버티기만 해도 서서히 강해져서 결국은 승리의 기회를 얻을 거라며, 그는 포기하려는 사람들을 설득한다. 승리를 못 해도 괜찮다. 거북처럼 토끼를 이기고, 보도 섀퍼처럼 어마어마하게 1,000만 부씩이나 책을 팔 수 있다면 더없이 좋겠지만, 중요한 것은 버텨서 승리하는 게 아니다. 행복을 원하는 사람이 기억해야 할 더 중요한 사실이 있다. 치열한 경쟁 사회에서 우리에게는 세 가지 길이 있다는 점이다. 포기, 버티기, 승리 중 세 가지 선택지가 있다.

보통 사람들은 포기와 승리의 길뿐이라고 생각한다. 포기하거나 승리하거나 둘 중 하나라고 본다. 하지만 거북과 보도 섀퍼가 보여 준 제3의 길이 있다. 버티기다. 결과를 잊고 버티는 것이다. 입시건 사랑이건 직장 생활이건, 웬만하면 버텨본다. 정신을 집중해서 버티고 버틴다. 땀을 흘리지도 헐떡이지도 못하면서 수만 걸음을 떼었던 거북처럼 끝까지 버틴다. 그러다 보면 원하던 것을 얻거나 예상치 못했던 것을 얻을 수도 있다. 깨달음이나 경험, 자신감 같은 것 말이다.

버티기는 멋있고 숭고한 삶의 자세다. 그런데 거북과 보도 섀퍼만 잘 버티는가. 아니다. 우리도 굉장하다. 더 정확히는 우리를 감싸고 있는 몸은 버티기에 관해서는 우주 최강에 가깝다. 몸은 승패를 생각 않고 포기 없이 우리를 보호한다.

미국 출신 작가인 빌 브라이슨이 《바디: 우리 몸 안내서》에서 그 놀라운 이야기를 들려준다. 몸은 우리를 살리기 위해서 쉬지 않는다. 각종 모니터를 바라보면서 거의 '식물인간'처럼 생활해도, 몸은 우리를 포기하지 않고 입에 들어온 정크푸드로부터 필수 영양소를 추출해서 우리가 죽지 않도록 해준다. 또 우리가 운동을 하지 않고 뒹굴면서 지내도 오랜 기간 몸의 형태를 유지한다.

빌 브라이슨에 따르면 몸은 병마 즉 악마 같은 질병과도 매일 싸운다. 날마다 우리 몸의 세포 중 1~5개가 암에 걸리는데 그걸 면역계가 포착해서 숨통을 끊는다.

"일주일에 20여 번 1년이면 1,000번 넘게 당신은 이 시대의 가장 끔찍한 병에 걸리지만, 그때마다 당신의 몸은 당신을 구하고 있는 것이다."

몸은 암하고만 싸우는 게 아니다. 생명을 앗아가는 사인이 8,000개나 된다고 한다. 결국은 이것저것 다 피하다가 하나에 외통수로 걸려 죽는 게 인간의 처지인데, 그전까지 몸은 우리를 극진히도 보호해 준다. 우리가 아무리 방탕하게 무책임하게 살아도 술을 마시고 담배를 피우고 쓰레기 음식을 먹으며 살아도 수십 년 동안 보살펴 준다.

결국 우리는 죽지만 몸이 결승점까지 버텨준다. 어머니가 그렇듯이 우리의 몸은 최후의 순간까지 우리를 보호하려 최선을 다한다. 지금 이 순간도 발암성 세포를 찾아 죽이고 피를 돌게 하고 숨을 쉬느라 말할 수 없이 바쁘다. 더 이상 버틸 수 없을 때까지 버텨 주는 몸을 하나씩 갖고 있다니 참으로 감사하고 행복한 일 아닌가.

빌 브라이슨 Bill Bryson 미국의 논픽션 작가로 더럼대학교 총장을 역임함. 주로 여행과 영어에 관한 글을 씀. 《거의 모든 것의 역사》《그림과 함께 읽는 바디》 등을 저술.

★ ☀ ☆

빌 브라이슨은 《바디: 우리 몸 안내서》의 마지막 장을 다음의 문장으로 시작한다.

"가려서 먹고, 규칙적으로 운동해도, 어쨌든 죽는다."

그리고 다음 문장으로 끝을 맺는다.

"그러나 삶이란 살아볼 만하지 않았던가?"

에릭 와이너

67

밑도 끝도 없는 슬픔을
달래는 법

이유 모를 슬픔이 찾아오면 과자를 먹는다

한 남자가 그리스 카이토에서 아테네로 가는 열차에 타고 있다. 이 예민한 사람은 갑자기 슬픈 기분이 들었고 마음이 불안해졌다. 열차 안에서는 아무 일도 없었다. 일이 생긴 곳은 남자의 머릿속이었다. 뇌가 우울한 생각을 맘대로 생산한 것이다. 슬픈 생각이 열차처럼 꼬리에 꼬리를 물고 밀려드는 바람에 남자는 꼼짝없이 슬퍼지고 말았다.

베스트셀러 철학서 《소크라테스 익스프레스》에 소개된 작가 에릭 와이너 본인의 체험담이다. 그런 밑도 끝도 없는 슬픔을 우리는 자주 만난다. 슬픔의 원인이 이별이나 탈모처럼 명확하다면야 차라리 낫다. 이유를 알 수 없으면 작은 가시가 박힌 듯이 성가시고 짜증스럽다.

에릭 와이너는 보기 드물게 섬세하고도 집요한 사람이다. 자신의 미묘한 슬픔이 어디에서 비롯되었는지 끝까지 추적해서 최종 원인을 찾아내는 데 성공했다. 그것은 어이없게도 1982년 어머니가 했던 어떤 말이었다.

실상 우리도 비슷한 경험을 한다. 불쾌하거나 슬픈 원인을 집요하게 더듬다 보면 황당한 이유일 때가 있다. 가령 3분 전 지나쳤던 사람의 젖은 눈빛 때문에 슬퍼지기도 한다. 20년 전 유치원 때의 기억 때문에 기분이 가라앉을 수도 있고, 10년 전 아버지의 서운한 말한 토막이나 그저께 저녁 어머니의 잔소리가 오늘 슬픔의 원인이 되기도 한다. 수많은 방아쇠가 무의식에 잠겨 있다가 열차 여행과 독서와 대화 중에 불쑥 튀어나와 슬픔을 터뜨린다. 이런 귀신같은 슬픔을 어떻게 해야 할까.

아주 쉬운 해결책이 있다. 간단하다. 맛있는 걸 먹으면 해결된다. 열차 안의 와이너는 커피와 패스트리를 주문했다. 작가가 밝히지 않았으니 패스트리는 달달한 꿀맛이었는지 버터 맛인지 견과류 맛이었는지 알 수 없고, 커피는 달콤했는지 쓰디썼는지 알 도리가 없다. 그런데 패스트리와 커피의 풍미가 무척 만족스러웠던 것 같다. 그 둘이 혀를 만족시키자마자 그의 슬픔이 사라졌다. 또 간식 말고도 와이너의 마음을 평화롭게 만든 건 아름다운 풍경이었다. 그는 차창 밖의 빨간 지붕과 파란 이오니아 바다 풍경을 보며 넋을 놓았다. 이런 아름다움도 슬픔을 지운다.

우리도 따라 하면 된다. 이유 모를 멜랑콜리에 시달린다면 간식의 힘을 빌리는 게 특효다. 맛있는 간식 한 조각이면 기분이 즉시 화사해진다. 또 아름다운 풍경도 이유 모를 슬픔을 달래준다. 하늘, 석양, 비, 눈, 무지개 등이 효과가 좋다.

슬픔은 크게 두 종류로 나눌 수 있다. 이별이나 사업 실패 같은 뚜렷한 이유가 있는 굵직한 슬픔이 있는가 하면, 이유가 뭔지 도무지 짐작하기 어려운 미세한 슬픔이 있다. 후자의 슬픔에 대해서는 많이 이야기하지 않지만, 섬세한 사람들은 안다. 미세한 슬픔은 하루에도 열 번 스무 번 우리의 가슴을 노크한다. 그럴 때면 간식을 입에 넣으면 된다. 또는 창밖 풍경이나 문장이나 선율처럼 아름다운 것들을 마음에 담아도 금방 괜찮아진다.

끝으로 떠오르는 장면이 있다. 엉엉 울던 아이가 입에 과자를 넣어주면 1초 사이에 미소 짓는다. 뒤집어지며 울부짖던 아이에게 TV나 스마트폰의 애니메이션을 보여줘도 순식간에 행복해한다. 그렇게 갑자기 바뀌는 아이를 보고 깔깔 웃는 어른들의 우월감은 착각에 가깝다. 어른도 마음은 어린아이다. 과자 한 조각이나 풍경 이미지 하나에 사라지는 걱정, 고통, 슬픔이라니, 우리의 불행감은 참 천진난만하다.

━━━●─ 행복러의 넛지 ─☺─◯──◯─────○

에릭 와이너 Eric Weiner 미국 출신 철학적 여행가, 베스트셀러 작가이자 강연가. 《행복의 지도》《신을 찾아 떠난 여행》《천재의 지도》 등 저술.

★ ☀ ☆

에릭 와이너의 《천재의 지도》에 '역사의 아버지' 헤로도토스의 명언이 인용되어 있다.

"인간의 행복이 한곳에 오래 머물지 않는다는 걸 나는 알고 있다."

우리가 행복을 찾는 장소는 바뀐다. 우리에게 행복을 주는 사람도 바뀐다. 사랑이 그렇듯 행복도 변한다.

행복은 성공의
결과가 아니라 원인

행복해야 돈벼락도 맞는다

오늘도 몸과 정신이 부서져라 일하는 사람들이 있다. 그 이유는 불행해도 무작정 열심히 일해야 성공하고 성공해야 행복해질 수 있다고 믿기 때문이다. 그런 의식의 흐름은 이렇게 정리할 수 있다.

"불행을 참으며 열심히 일한다 → 성공한다 → 행복해진다"

행복이 성공의 결과라는 생각은 상식적이고 일반적이다. 하지만 행복이 성공의 결과가 아니라 원인이라는 주장도 있다. 성공해야 행복해지는 게 아니라 행복해야 성공한다는 것이다. 가령 미국 작가 닐 파스리차는 《아무것도 하지 않고도 모든 것을 얻는 법》에서 행복은 열매가 아니라 뿌리라면서 이렇게 생각해 보라고 제안한다.

"행복하라 → 일을 잘하게 된다 → 큰 성공이 찾아온다"

여기서 행복은 성공의 원인이다. 행복하면 정말 성공할까. 조금만 생각해 보면 곧 납득할 수 있다. 행복하면 기분이 좋아지고 미소를 짓게 된다. 대인 관계도 부드러워진다. 또 집중이 잘되니 아이디어가 분출하고 업무 추진력도 높아진다. 그렇게 성공이 피어날 좋은 조건들이 두루 마련되는 것이다.

많은 돈을 원하는 사람도 사실 행복해지는 게 먼저다. 적극적으로 행복해지는 게 돈벌이의 최고 수단인 까닭이다. 돈을 벌어야 행복해지는 게 아니라, 행복해져야 돈이 굴러 들어온다.

그 주장을 뒷받침하는 통계적 연구 결과도 있다. 행복학의 권위자로 인정받는 숀 아처Shawn Achor가 2011년 6월 23일 〈하버드 비즈니스 리뷰〉에 기고한 글이 유명하다. 10여 년의 연구 결과로 밝혀진 바 행복한 기분은 직장에서 높은 성과를 낳는다. 행복한 사람들은 일의 정확성이 19퍼센트 향상되고, 생산성은 31퍼센트 높아지고, 노동의 대가인 급여는 37퍼센트 더 높았다.

항상 불평하고 비관하는 불행한 직장인이 있다. 그 옆에는 웬만하면 웃음을 잃지 않는 행복한 직장인이 앉아 있다. 불행한 직장인이 급여를 100만 원 받으면, 행복한 직장인은 137만 원을 받는다. 불행한 직장인의 급여가 1,000만 원인 경우에는 행복한 직장인의 급여가 1,370만 원이다. 적지 않은 차이다.

행복한 사람들은 참 좋겠다. 하루하루가 즐거운 데다가 돈까지 많이 버니까 말이다. 하지만 천성이 불행한 편이라고 행복한 직장인이 아예 못 되는 건 아니다. 많은 연구자들의 추천으로 유명해진 '직장인의 긍정 심리학 기술'은 이렇다.

- ✦ 오늘 생긴 고마운 일을 세 가지 써본다.
- ✦ 하루에 두 번 5분씩 침묵 속에서 마음의 평화에 힘쓴다.
- ✦ 나의 불평불만이 정말 근거 있고 나에게 이로운지 성찰한다.
- ✦ 하루 동안 있었던 기분 좋은 경험 하나를 1분 이상 묘사한다.
- ✦ 칭찬하거나 감사를 표현하는 메일이나 메시지를 쓰는 것으로 일과를 시작한다.

단순하고 쉬운 행복 증진 방법이다. 하지만 이런 조언을 들려주면 모든 사람이 반가워하는 것은 아니다. 나의 지인들 중 몇몇은 마뜩잖게 생각한다. 그렇게까지 억지로 마음을 조작할 필요가 있는지 묻고는, 그보다는 자신이 불행하다는 걸 의연히 인정하는 쪽을 택하는 게 낫다는 주장까지 편다. 뭐 어떻게 보느냐에 따라 다르겠지만, 그렇게 불행한 자신을 진정한 자아로 인정하는 자세도 멋있다. 예를 들어 "그래, 나는 좀 불행한 사람이야. 하루에도 몇 번씩 불행감이 찾아와."라고 깨끗이 인정하는 게 자신의 불행 습관을 시치미 떼며 부정하는 것보다야 훨씬 건강하다.

그런데 유의할 게 있다. 불행감의 피해 정도에 대한 엄격한 판단은 필요하겠다. 미지근한 불행감은 무시하고 껴안고 살아도 된다. 하지만 일상, 관계, 직장 생활 등을 심각하게 저해하는 수준의 불행감은 적극적으로 줄이는 방법을 찾아야 그게 자기 사랑이다. 치료 기관을 찾거나 아니면 이 책에서 소개하는 행복 전문가들의 추천 기술을 적극적으로 연습하면 도움이 된다. 효과가 지속되는 시간이 하루건 일주일이건 아무튼 기분이 좀 나아지는 건 사실이다. 그러면 적어도 그 기간 동안은 행복해질 수 있고 성공 확률이 높아진다.

자기 진실성과 자기 발전은 공존이 가능하다. 불행한 천성을 자신의 진정한 자아로 인정하면서 동시에 자기 발전을 도모할 수 있다. "나는 태생이 불행한 사람이야. 결코 행복해질 수 없어!"라고 자포자기하지는 말자. 작은 기술로도 행복감을 높일 수 있다. 피부 관리만큼만 정서 관리를 해도 마음이 훨씬 뽀얘진다. 그런 믿음이 이 책을 쓴 배경이기도 하다.

행복러의 넛지 :)

닐 파스리차 Neil Pasricha 하버드 경영대학원을 졸업한 후 TED 강연자로 활동하는 작가. 《행복 한 스푼》《어썸》 등을 저술.

★ ☀ ☆

《아무것도 하지 않고도 모든 것을 얻는 법》의 원 제목을 번역하면 이렇다. "행복 방정식 : 아무것도 원치 않기 + 아무거나 하기 = 모든 것을 갖기"

줄여 말하면 뜻이 쉽고도 깊다. '욕심 없이 일을 하면 모든 것을 가질 수 있다'는 의미다. 보통 사람으로서는 욕심이 영 없기는 어려울 테고 행복을 해칠 정도로 과하지만 않으면 되지 않을까. 알다시피 욕심과 행복은 반비례한다. 작은 욕심을 갖고 자기 일에 충실하면 큰 행복을 얻을 수 있다니, 그 또한 유익한 정보다.

그런데 어떻게 욕심을 줄일까? 한 가지 방법은 웃음이다. 실없이 자주 웃는 거다. 웃음은 꽉 쥐었던 주먹을 펴게 해준다. 그렇게 집착과 욕심을 줄인다. 게다가 웃으면 행복해지고 행복해지면 앞에서 얘기했듯이 돈다발이 굴러 들어온다. 일단 자주 허허 웃는 연습이 행복해지는 급선무이다.

인내보다 강한
연민과 온정

우린 모두 여리고 가녀린 새끼 강아지다

괴로워도 슬퍼도 울지 않고 꿋꿋하려면 무엇이 필요할까? 눈물을 꾹꾹 참는 인내심도 좋다. 하지만 감정 억압은 곧 한계점에 다다르고 언젠가는 터져버리기 쉽상이다. 인내하거나 힘을 쓰지 않는 대책이 이롭다. 이를테면 자신에게 따뜻한 마음이 우리를 구한다. 자신을 연민하고 사랑해 주는 온정이 강철 같은 인내심보다 강하다. 이스라엘 출신으로 미국 스탠퍼드대학교에서 공부한 베스트셀러 작가 니르 이얄이 《초집중》에서 이야기한다.

2015년 미국에서 방대한 메타 연구를 진행했다. 1만 6,000명을 대상으로 69건의 연구를 리뷰해서 행복의 원인을 밝히는 게 연구의 목적이었다. 연구 결과 어떤 사람은 큰 실패를 겪었는데도 불행하지 않고 행복감을 유지했다. 그들의 공통점은 자신에게 긍정적이고 따뜻한 태도를 가지고 있다는 것이다.

개인의 상황을 좀 더 구체적으로 살펴봤다. 과거에 무서운 트라우마를 겪었다. 정신병 가족력이 있다. 사회적 지위도 낮다. 자신을 도와줄 사람이 없어서 고립되어 있다. 이것은 불안과 우울에 빠지기 쉬운 최고의 조건이다. 그런데 자기 연민self-compassion을 갖고 있는 사람, 즉 자신이 가여워서 따뜻하게 대하는 사람은 불안과 우울에 빠질 확률이 단연 낮았다.

자신에게 베푸는 온정이 다음 네 가지를 이겼다. 트라우마, 정신질환 가족력, 낮은 사회적 지위 그리고 고립감의 불행 효과를 꺾었다. 자신에게 따뜻하면 악조건을 딛고 행복해질 가능성이 폭증한다. 우리는 온 힘을 쏟아서 돈을 모으고 집을 사고 자동차를 구매한다. 또 사회적 지위와 인기를 얻으려고 발버둥친다. 모두 행복을 위해서다. 물론 집이고 차고 삶에서 중요한 것들이다. 있으면 좋다. 그런데 행복의 황금 열쇠는 따로 있다. 자신에게 따뜻한 마음을 가진 사람이 어떤 조건에서건 행복감 수준이 월등하다는 것이다. 가난해도 나를 따뜻하게 안아주고, 부자여도 나를 따뜻하게 포옹해주는 게 현명하다.

스웨덴 출신 승려인 비욘 나티코 린데블라드가 《내가 틀릴 수도 있습니다》에서 같은 취지의 주장을 폈다. 린데블라드가 보기에 사람들은 자기 연민에 인색하고 자신에게 비판적이다. 그리고 자신을 가엾게 여기지 않는다. 자신에게 차갑고 엄격하다. 그 반대라면 우리에게 어떤 일이 벌어질까? 린데블라드가 말한다.

"(나 자신과의) 관계가 연민과 온정으로 이루어진, 사소한 실수는 용서하고 또 털어버릴 수 있는 관계라면 어떨까요? 자기 자신을 다정하고 온화한 시선으로 바라보고 제 단점에 대해 웃어버릴 수 있다면 어떨까요? 그리고 그와 같은 마음으로 우리 아이들과 우리가 사랑하는 이들을 거리낌 없이 보살핀다면 또 어떨까요? 그렇게만 된다면 세상 전체가 반드시 좀 더 좋은 곳이 될 것입니다. 우리 안의 고귀한 마음가짐이 흘러넘칠 것입니다."

나에게 연민과 온정을 품고 따뜻하게 대한다. 그다음 사랑하는 사람도 똑같이 대한다. 그 결과 세상 전체가 좋은 곳이 되고 내 마음도 고귀해진다는 이야기다.

행복을 연구하는 사람 중에서 자신을 냉대하라고 조언하는 사람은 없다. 거의 누구나 자신에게 따뜻해야 한다고 말한다. 거부인 빌 게이츠에서 가난한 노숙인까지 모두 잊어서는 안 되는 조언이다. 그런데 의문이 생긴다. 중요성은 알겠는데, 그럼 어떡해야 자신에게 따뜻해질 수 있을까.

자신을 자꾸 넘어지고 배변도 가리지 못하며 가구 다리를 물어뜯는 작은 강아지로 여기면 된다. 아니면 천방지축 말썽을 피우거나 실수 투성이이며 툭하면 울어버리는 열 살짜리 아이로 봐주는 거다. 늙어 죽는 날까지 우리는 강아지고 어린애다. 때리거나 몰아세워선 안 된다. 우리 하나하나는 따뜻한 보호가 필요한 사랑스럽고 가련한 존재다. 그건 환상이 아니라 본질에 대한 이해다. 불을 끈 방 안에 10분만 우두커니 앉아 있으면 작고 여린 자신을 만나게 된다. 그 연약한 존재를 누구보다 내가 따뜻하게 안아줘야 한다.

행복러의 넛지

니르 이얄 Nir Eyal 미국의 작가. 행동 설계를 가르치며, 심리학, IT, 비즈니스의 접점에 관한 글을 씀. 《훅 : 일상을 사로잡는 제품의 비밀》 등을 저술.

비욘 나티코 린데블라드 Bjorn Natthiko Lindeblad 스웨덴 출신으로 17년간 태국의 한 사원에서 수도함. 루게릭병을 앓았으며 '망설임도 두려움도 없이 떠난다'는 말과 함께 세상을 떠남.

★ ☀ ☆

내가 무슨 일을 하려고만 하면 머릿속에서 반대와 비판의 소리가 들린다. 니르 이얄의 영문판 《초집중》에는 비판적인 자기 머릿속 목소리에 대해 힘을 빼는 효율적인 기술 하나가 소개되어 있다.

"가끔 당신 자신을 괴롭히는 머릿속 목소리가 들린다면 적절한 반응법을 아는 게 중요하다……. 가장 실용적인 방법은 친구에게 말하듯이 자신에게 말해주는 것이다."

스스로를 친구로 대하라는 것이다. 가령 "넌 안 돼." "너는 능력이 없어." "다 네 잘못이야."와 같은 비판이 내 머릿속에서 들려오면, "너는 분명히 할 수 있어." "너는 유능해." "네 잘못을 과장하면 안 돼." 라고 말해준다. 친구에게 말하듯이 따뜻하게 응원하는 것 또한 자기연민의 좋은 기술이다.

70

무의미한
창피함 줄이기

우리는 1만 년 전 이유 때문에 창피해하며 고통받는다

속된 표현으로 '쪽팔려서' 죽을 것 같은 순간을 맞은 한 남자의 이야기다. 그는 차를 몰고 가다가 샌드위치 판매점에 들어가서 맛있는 샌드위치를 하나 주문했다. 기다리는 동안, 샌드위치 가게에서 어머니 집이 멀지 않고, 미리 계획했다면 어머니와 함께 식사를 할 수도 있었겠다는 생각에 빠져 있었다. 그 순간 "여기, 샌드위치요."라는 종업원의 목소리가 들렸고 남자는 재빠르게 답했다. "고마워요. 엄마."

순간 고요해졌다. 몇 초 동안 얼어붙었던 남자는 황급히 밖으로 빠져나왔다. 그 종업원은 무슨 생각을 했을까. 주변 사람들은 또 자신을 어떻게 생각했을까. 비 내리는 주차장의 차 안에서 눅눅해진 샌드위치를 들고 남자는 괴로워했다.

그 남자는 바로 영국의 신경과학자 딘 버넷이다. 방금까지 행복했는데, 작은 실수 하나가 기분을 완전히 망쳐 놓았다. 견딜 수 없는 수취심 때문에 그는 머리카락이라도 뜯고 싶었을 것이다.

그런데 너무 비웃지 마시라. 사람은 대부분 비슷하다. 모든 사람의 뇌에는 죽도록 창피한 기억들이 쌓여 있다. 친구들 앞에서 노래하다가 웃음거리가 된 상황, 나의 사랑 고백을 듣고 당황스러워하던 그 사람의 표정, 전혀 웃기지 않는 농담을 했다가 분위기에 찬물을 끼얹었던 일, 그리고 샌드위치 판매점 직원을 엄마라고 부른 실수 등 사람마다 뼈아프고 쥐구멍에 숨고 싶은 기억이 아주 많다.

도대체 우리 인간은 왜 그런 기억을 머리에 저장해 둘까? 또 왜 그런 창피한 기억을 반복 회상하며 자꾸만 괴로워하게 되는 걸까? 그건 우리가 조상으로부터 물려받은 습성 때문이다. 먼 옛날 우리의 조상들은 창피한 일을 겪으면 죽을 수도 있었다. 딘 버넷은 《행복할 때 뇌 속에서 일어나는 모든 것》에서 다음과 같이 말한다.

"집단에서 외면되거나 거절당하는 것은…… 사형 선고와 같은 일이었다."

딘 버넷은 수만 년 전 인간 사회를 상상해 보라고 한다. 육체적으로 약한 인간은 반드시 집단에 속해야 산다. 집단에 소속되어야 맹수에게 잡아먹히지 않는다. 음식을 먹고 따뜻하게 자는 것도 집단 덕분이다. 그런데 아무나 집단에 속할 수 없다. 소속 자격을 갖춰야 하는데 무엇보다 똑똑하고 쓸모 있는 존재로 인정을 받아야 한다. 만일 실수를 해서 바보처럼 보이면 무용지물로 낙인 찍혀서 집단에서 쫓겨날 수도 있다. 여기서 퇴출은 죽음의 다른 표현이다. 다시 한번 딘 버넷의 설명을 들어보자.

> "만일 공동체나 집단에 생존을 의지하고 있다면, 사회성이 높을수록 수용과 생존의 확률은 높아진다. 집단에서 외면당하거나 거절당하는 것은 작은 일이 아니다. 특히 우리가 살았던 호전적인 환경에서 그것은 사형 선고와 같은 것이었다."

우리 조상들에게 바보 같다는 평가는 곧 '사형 선고'였다. 실수를 해서 웃음거리가 되면 죽는다. 그러니 당연히 나의 실수에 치를 떨 수밖에 없다. 그런 습성이 뇌에 담겨서 현재의 인간들에게도 전해지는 바람에, 실수한 기억이 떠오르면 미친 듯이 창피해하고 후회하고 괴로워한다.

나를 향한 친구들의 웃음소리는 뇌에서 사형 선고로 해석된다. 그래서 웃음을 샀던 나의 바보 같은 실수를 영원히 잊기 어렵다. 틈틈이 떠오를 때마다 괴로운 것도 당연하다. 아무도 기억하지 못하고 신경도 쓰지 않는다고? 다른 사람들은 까맣게 잊어버렸더라도 자신이 받은 사형 선고를 누가 잊을 수 있겠는가. 그럼에도 허상은 허상이다. 우스꽝스러운 실수 좀 했다고 죽음의 땅으로 쫓겨나는 현대인은 거의 없다.

그러니까 창피할 때마다 되뇌어 보자. "나는 지금 수만 년 전의 습관 때문에 창피해한다." 아니면 이렇게 자신을 위로할 수도 있다. "죽지 않는다. 창피해서 심장이 멈춘 사람은 역사에 없다." (있었을지 모르지만 복잡한 사인 분석 과정을 거쳐 역사에 기록될 가능성은 아주 희박하다.)

무의미한 창피함을 줄이면 불행감이 줄고 행복해진다. 게다가 더 용감하고 대범해진다. 비웃음이 무서워 움츠러들지 않을 것이기 때문이다. 그러면 나의 삶이 확장되고 새로운 경험이 늘어나며, 행복감이 높아진다. 창피해서 죽겠다 싶은 심정은 수만 년 전의 가짜 골동품이다. 뻔뻔스럽게 신나게 살아보자.

행복러의 넛지 ☺

딘 버넷 Dean Burnett 영국 카디프대학교 교수. 뇌과학 분야에서 활발한 연구와 강의를 하면서 가끔 스탠딩 코미디언으로 활동함. 《뇌 이야기》《엄마랑은 왜 말이 안 통할까?》 등을 저술.